TABLETTES CHRONOLOGIQUES,

CONTENANT AVEC ORDRE,

L'E'TAT DE L'EGLISE

en Orient, & en Occident : les Conciles generaux & particuliers : les Autheurs Ecclesiastiques : les Schismes, Heresies & Opinions, qui ont été condamnées.

Pour servir de Plan à ceux qui lisent l'Histoire sacrée.

PRESENTE'ES AU ROY,

Par G. MARCEL, *Avocat au Parlement.*

Suivant la Copie de Paris.

A AMSTERDAM,

Chez PIERRE MORTIER, Libraire sur le Vygen-dam, a l'enseigne de la Ville de Paris,

M. D. C. LXXXVII.

 I R E,

    Je commence d'executer les Ouvrages dont VOTRE MAJESTE' *voulut voir les premiers modeles, par ce recueil de Memoires Ecclesiastiques que j'ay rangés dans ces Tablettes avec tout l'art qui m'a été possible. Le Titre de Roy Tres-Chrétien & de Fils Aîné de l'Eglise que Vôtre Majesté porte par preference à tous les Rois du monde, me donne lieu de croire qu' Elle agréera la liberté que je prens de luy en faire un present, persuadé.* SIRE, *que la Terre qui garde le silence devant Vous avec plus de soumission qu'elle ne fit autrefois devant Alexandre, les épargnera quelque part qu'ils aillent, si Vôtre Majesté leur accorde la protection que demande avec un profond respect.*

S I R E,

      De Vôtre Majesté,

             Le tres-humble, tres-obeïssant &
             tres-fidele serviteur & sujet
                 MARCEL,

PREFACE.

LE desir d'apprendre est si naturel à l'homme qu'il passeroit sans doute une bonne partie de ses jours à le contenter, si les difficultez qn'on trouve dans les sciences, les affaires, ou les passions qui se mélent dans la vie, n'étoient souvent un obstacle aux applications qui sont necessaires, pour lire & comprendre tant de Volumes que les Ecrivains nous ont laissé sur toutes sortes de matieres. Ceux qui ont assez de resolution pour cela, ne croyent pas que le plaisir qu'ils goûtent aprés de si longs travaux soit entier, s'ils ne s'asseurent de sa durée & n'en procurent quelque partie au public, en luy donnant quelque abbregé de leur lecture. J'avouë que ces reductions leur peuvent être d'un grand soulagement en leur particulier, parçe que le moindre mot est capable d'exiter en eux une grande suite d'idées, qui se trouvent déja rangées dans leur esprit, par rapport aux livres qu'ils ont lûs. Mais je ne voy pas qu'elles soient d'une grande utilité au public, parce que les matieres y sont entassées sans ordre de temps, des lieux, ny de personnes, & sans plusieurs autres circonstances qui sont absolument necessaires pour les rendre profitables. Tant il est vray que ce n'est que par l'ordre & l'arrangement que les idées se conservent & se presentent à nôtre memoire, qui doit les repasser le plus souvent qu'il est possible quand elle ne se sent pas heureuse. Je sçay bien que cette reveuë est penible, puisque de toutes les parties de nôtre esprit il n'y en a point de plus delicate ny de plus fragile que la memoire, qui n'attend pas toûjours la vieillesse ny les maladies pour nous abandonner, & qui s'échape lorsque nous nous portons le mieux, & que nôtre corps paroît le plus tranquille.

C'est à cette dissipation qui se fait insensiblement dans nos esprits, que je m'estimerois heureux d'avoir trouvé quelque remede à l'egard des sciences, ne trouvant personne parmi tant d'Ecrivains qui rempliſſent les Bibliotheques & nous accablent de leurs productions, qui ſe ſoit attaché particulierement à nous decouvrir cet ordre, qui eſt ſans doute l'unique moyen d'y remedier. Attendant que quelque habile homme s'en méle, je fais preſent au public de celuy que j'ay dreſſé pour mon uſage particulier. Le ſujet auquel je l'applique eſt ſaint & curieux, en un mot l'hiſtoire de l'Egliſe. Je ne croy pas qu'il ſoit beſoin d'en dire davantage; aprés avoir prié ceux qui l'examineront dans le deſſein d'y trouver des fautes, de prendre garde dés le commencement que je n'avance rien de conſiderable ſans le témoignage de quelque Autheur que je cite fidelement, ne m'écartant que le moins que je puis des opinions communes, à moins que je n'y trouve quelque erreur manifeſte.

INSTRUCTION
pour l'uſage de ces Tablettes.

CEux qui regarderont ces Tablettes comme des Tables Chronologiques, & qui ſe rétraindront à n'en avoir que cette idée, n'auront pas beſoin d'une grande inſtruction, parce que les choſes y étant diſpoſées dans un ordre qui eſt aſſez naturel, ils n'auront qu'à les parcourir. Mais ſi la curioſité porte ceux qui les liront à vouloir approfondir tant ſoit peu cet ordre, ils s'appercevront bien-tôt que ce volume, quelque petit qu'il ſoit en apparence, eſt grand en effet, puiſqu'il n'y a guere d'homme quelque ſçavant qu'il ſoit dans la matiere qu'on y traite, qui n'en retire quelque ſoulagement.

Il eſt donc à propos d'en expliquer l'œconomie avec une netteté qui la rende intelligible à toutes ſortes de perſonnes.

I. Le caractere qui diſtingue cet Ouvrage de tous ceux qui ont paru ſur le même ſujet, eſt l'ordre & la brieveté avec laquelle on y a rangé toutes choſes.

II. Les notes dont on ſe ſert n'ont rien de difficile, & elles n'y ont été employées que pour abbreger le diſcours, & le reduire à certains eſpaces.

III. En quelque feuillet qu'on ouvre le livre on trouve

commodement l'explication de toutes les notes à côté
de la regle generale qui est attachée à la converture où devant du livre, & qui se presente à chaque feuillet.

I V. Les feuillets de cette partie que j'appelle le corps de
l'ouvrage, pour le distinguer de l'Ordre alphabetique,
sont coupez de maniere qu'ils peuvent étre roulez en
deux sens ; quand on les ouvre de la droite à la gauche,
on ne voit que ceux qui sont divisez en travers ; quand on
les ouvre de la gauche à la droite on ne voit que les
Conciles.

V. Ces Tablettes se divisent en deux parties, dont la premiere contient les choses dans l'ordre du tems, par rapport aux siecles qui se sont passez depuis la naissance de
Jesus-Christ, & s'étend jusqu'à la page qui a pour titre
Les Schismes. La seconde est un Ordre alphabetique.

V. I. Chaque Siecle contient quatre pages marquées d'un
chifre. Exemple. Le premier Siecle qui commence par
Jesus-Christ est marqué de ce chiffre 1. a concurrence
de quatre pages qui en dépendent.

V I I Toutes les pages, si vous exceptez celles du premier
Siecle, ont une inscription, qui étant jointe à toutes
les dattes des années de leur Siecle, sert à faite l'expres-
sion vulgaire. Exemple. Le premier mot du troisiéme
Siecle est Zephyrin M. 21. adjoûtez l'inscription generale de Deux-cents à celle de 21. & dites que Zephyrin
est mort l'an deux cents vingt & un.

V I I I. De quatre pages qui sont destinées à chaque Siecle il
y en a deux qui suivent la disposition de la regle qui est
attachée à la couverture du livre, de sorte qu'elles sont
divisées par des lignes en travers, qui répondent à peu
prés à la division qui est marquée sur la regle.

I X. Tous les noms qui sont dans ces deux pages, excepté
ceux des Patriarches sont distinguez,& pour ainsi dire cottez de deux lettres. Exemple. Voyez les deux premieres
pages qui sont marquées de ce chiffre 1, où vous verrez
dans le rang des Papes AA. S. Pierre. AB.S. Lin, &c.dans le
rang des Heretiques AA. Simon le Magicien. AB. Cerinthe, &c. dans celuy des Autheurs Ecclesiastiques AA.
S. Mathieu. AB. S. Marc, &c.

X. On doit remarquer que cet ordre des lettres a été preferé à celuy des chiffres, tant pour éviter la confusion qu'il auroit pû faire avec ceux qui servent de dattes, que pour la commodité des citations, le rapport des Herefies, & plufieurs autres raifons que je deduiray dans la fuite de mes Ouvrages, & qu'il feroit inutile de rapporter avât le tems.

XI. Cependant le grand ufage de ces cottes confifte, en ce qu'elles fervent de renvoy quand on cherche quelque chofe dans l'Orde alphabetique; c'eft à quoy l'on doit faire reflexion dans le commencement.

Exemple. On veut trouver Adrien premier, & fçavoir ce qui s'eft paffé fous le Pontificat de ce Pape. Celuy qui poffede l'hiftoire de l'Eglife le cherche en droiture dans le Siecle où il a vécu. Mais celuy qui ne le fçait point, ou qui ne s'en fouvient point dans ce moment, le trouve par le moyen de l'Ordre alphabetique, auquel il doit avoir recours à la lettre A, où il rencontre ce nom qui eft le primier de tous, avec cette cotte E S. qui luy fert de renvoy pour le trouver précifément dans le rang des Papes fous la même cotte E S. où l'on trouve qu'il eft mort l'an fept cents quatre vingt quinze. Si l'on veut fçavoir la durée de fon Pontificat, on comtera depuis la mort de fon predeceffeur, qui eft en l'an fept cents foixante & douze, & l'on verra que c'eft plus de vingt-trois ans. Si l'on veut fçavoir tous les Conciles qui ont été tenus fous le Pontificat d'Adrien I. on tournera le feuillet, & l'on verra la même cotte E S. à la marge de l'une des deux pages, & c'eft à cette même cotte que commencent tous les Conciles qui ont été tenus fous ce Pape, jufqu'à la cotte fuivante qui eft E T. dans la même page.

XII. Les lettres A, B, C, D, qu'on voit à la marge des pages qui fuivent la difpofition de la regle generale defignent toutes les matieres non feulement dans ces pages, mais encore dans l'Ordre alphabetique, dans lequel on doit remarquer l'addition de l'E, qui marque la categorie des Conciles, qui n'avoient pas befoin de cette diftinction dans l'Ouvrage, étant affez diftinguez par la durée des Pontificat.

XIII. La maniere de chercher les Patriarches de l'Eglife Orientale eſt facile, & ne peut être mieux expliquée que par un exemple. Je veux ſçavoir le temps de S. Ignace Patriarche d'Antioche, je cherche Ignace dans l'Ordre alphabetique, inſtruit par avance que la lettre qui diſtingue le Patriarchat d'Antioche eſt B, je cherche à la lettre I dans la categorie qui eſt marquée à côté d'un B je trouve Ignace avec le renvoy B 1. le chifre 1, ſignifie qu'il eſt placé dans le premier ſiecle vis-à-vis de cette même lettre B marquée pour une plus grande precaution à la marge.

XIV. On a mis les cinq lettres A, B, C, D, E, à la marge des pages alphabetiques, pour ſoulager celuy qui cherche, & luy ſauver la peine de démêler parmy tant de noms de Papes, de Patriarches, d'Auteurs & d'Heretiques celuy dont il peut avoir à faire, & qu'il trouve par le moyen de ces lettres dans le moment. Exemple. Lorſque je cherche dans l'Ordre alphabetique Ignace Patriarche d'Antioche, je ne m'attache qu'à la categorie qui eſt marquée du B, qui eſt la diſtinction generale des Patriarches, & par ce moyen je m'épargne la peine de parcourir inutilement la plupart des noms qui commencent par un I.

XV. Les Autheurs ne ſont cottez dans le cours de cet Ouvrage que par les lettres qui les diſtinguent dans leur rang. Exemple. Aprés avoir parlé de Simon le Magicien dans le premier ſiecle au rang des Heretiques, on a mis les trois lettres D S 1. qui ſervent de citation. Elles doivent être expliquées de la ſorte, D, marque que c'eſt dans le rang des Autheurs, & S 1 la cotte où l'on trouvera preciſément l'Autheur qui a dit & prouvé ce que j'avance, & parce qu'il n'y a pas d'autre particularité dans la citation, on doit croire qu'on trouvera la choſe ſans peine au mot de Simon le Magicien dans Baronius, qui eſt l'Autheur deſigné par la cotte S 1.

XVI. Lorſque parmy les Heretiques il s'en rencontre quelques-uns avec citation : Exemple. Himenée & Philet χ C A A. cette note χ eſt un marque de liaiſon, comme on peut voir dans l'explication des notes, & les trois lettres C A A. dont la premiere eſt un C marquent ſeparément, ſçavoir le C. que c'eſt un Heretique, & ces deux lettres A A. que c'eſt Simon le Magicien.

CATALOGUE

*de plusieurs Livres manuscrits dans l'ordre qu'ils
seront imprimez & distribuez au public.*

Tablettes Chronologiques contenant la suite des Papes, Empereurs & Rois qui ont regné en Europe depuis la Naissance de J. Chr. écrites & gravées par le sieur Senault.

Tablettes Cosmographiques contenant une description exacte de toutes les parties du monde, avec les particularitez qui se trouvent dans les livres les plus étendus sur cette matiere.

Mundus Arithmeticus, in quo triplex humano generi commodum proponitur.

——I. Litterarum & Vocum suâ cuilibet auxiliante patriâ linguâ terrarum ubique facilis & enucleata communio.

——II. Ordo censendi Populos, Exercitus, immo Regna quantumvis numerosissima, brevi tempore.

——III. Citatæ per aëra decursiones ab Antiquis frustrà, vel levi commodo pro signis duntaxat militaribus tententæ, nunc Classiariorum ignium, Tintinnabulorum, & cæterorum id genus operâ; pro quolibet jussu tam politico, quam militari perfectæ. Opus tripartitum. in folio.

Le Colisée des Princes, machine propre à l'instruction des Grands. Les sciences & les arts y sont demontrez dans un ordre mechanique, & par rapport à l'Art militaire.

Tractatus de similitudinibus ex quibus efficiuntur notitiæ rerum.

Quid sit illud quo meminimus, & quam habeat vim?

*Bibliotheca librorum quos * * * legit & censuit.*

Traité de plusieurs notes ou figures qui se reduisent au nombre de cinq, & peuvent representer d'une maniere plus courte & plus distincte que celle de nos lettres ordinaires, toutes les pensées même les plus cachées & les plus abstraites.

Litterarii Prodromi , ſive jucundiſſima memoriæ vel judicii tam in pueris quam in adoleſcentibus præparatio , luſibus & exercitiis juxta mentem. D. Hieronymi in epiſt. ad Latam viduam illuſtrata. Opus cum Machin.

❊ : ❊ : ❊ : ❊ : ❊ : ❊ : ❊ : ❊ : ❊ : ❊ : ❊ : ❊

AVERTISSEMENT.

CEt Ouvrage & ceux que je donneray dans la ſuite, étant d'une execution difficile , & qui demande un grand ſoin à cauſe des notes, dont la plûpart changent de valeur ſuivant la diverſe ſituation , bien loin d'étre avantageux ſeroient prejudiciables au public s'ils étoient contrefaits , & s'il n'y avoit quelque choſe qui peut faire diſtinguer les veritables de ceux qui peuvent être ſuppoſez, j'avertis dés le commencement ceux qui les liront , où qui s'en ſerviront dans la ſuite , qu'ils ſeront parafez derriere la regle gravée non ſeulement de mon nom , mais encore d'un mot ou combinaiſon de ſix lettres differentes en chaque Exemplaire , & que ſuivant la diſpoſition de cette combinaiſon , je mettray dans l'ouvrage un point ſecret , dont il n'y aura que moy qui ſçache l'endroit pour l'indiquer, à ceux qui ne voudront pas étre trompez , s'il arrive qu'on le contrefaſſe.

Dans cette nouvelle Edition nous avons Corrigé les fautes , qui s'étoint gliſſées dans le precedente.

Tous les livres compris dans le Catalogue ſeront imprimez ou gravez dans l'ordre qu'ils tiennent cy-deſſus , & ſeront diſtribuez en feuille & reliez chez l'Imprimeur.

A	LE SAINT SIEGE	

...de chaque page servent à l'instruction qui suit

...es Conciles suivant la
...ciles est tenu pō. bon
...our reprouvé quand
...deux marques a dos —
...ncile est en partie ap-
prouvé et en partie re-
prouvé.) Les pointes q.
...sont tournées en haut
marquent la presence
du Pape si vo. exceptez
les Conciles generaux jusq
à celui de Latran I. ou
elle se trouve quoy
que les Papes n'y
...heurs ayent point assisté.

B	LES 4 PATRIARCHATS	B d'Alexandrie
		B d'Antioche
		b de Jérusalé
		B de Constan...

...t-Carmel.

---Ces deux tirets
avec un point au
milieu ne se trouvant
...les que dans l'ordre Alph-
abetique et marquent qu'on
doit chercher les noms
d'Auteurs dont la plus —
part sont composés par le
dernier mot. exemple —Az
pilcueta. martin —Au lieu
de Martin Azpilcueta.

...ieres.
...bons sentimens.

C	HERESIES.
	SCHISMES.
	ERREURS.
	SECTES.
	ET OPINIONS PARTICULIERES.

D	AUTEURS ECCLESIAS-TIQUES.

...oit de l'histoire est
...e parmi les scavans.
...rouve qu'en dans l'ord.
...e ne se trouve point

A	LE SAINT SIEGE

LES 4 PATRIARCHATS

B	B D'ALEXANDRIE
	B D'ANTIOCHE
	B DE JERUSALÉ
	B DE CONSTAN.

C	HERESIES.
	SCHISMES.
	ERREURS.
	SECTES.
	ET OPINIONS
	PARTICULIERES.

D	AUTEURS ECCLESIASTIQUES.

EXPLICATION DES NOTES.

Les lettres qui sont a la marge de chaque page servent a distinguer les matieres. ¶ Voyez l'instruction qui suit immediatement la preface

C — Cette marque signifie la valeur des Conciles suivant la diversité de ses situations.) vn Conciles est tenu pô. bon quand elle regarde la droite C.) pour reprouvé quand elle regarde la gauche Ɔ.) Ces deux marques ados—sées——ƆC. signifient qu'vn Concile est en partie approuvé et en partie reprouvé.)(Les pointes q sont tournées en haut marquent la presence du Pape si vo'exceptez les Conciles generaux jusq à celui de Latran I. ou elle se trouve quoy que les Papes n'y ayent point assisté.

Cette Croix mise apres le C.

Cardinal. }
Archevêque. } marque la presence des Legats du S. Siege.
Eveque. }
Abbé. }

Fondateur d'Ordre.
Moine de l'ordre de St Benoît.
Moine de l'ordre de St Bernard.
Religieux de l'ord. de St Augustin.
Religieux de l'ordre des FF. Precheurs
Religieux de l'ordre de St François.
Religieux de nôtre Dame de Mont-Carmel.
Religieux de la Compagnie de Jesus.
Expositeur de la Ste Ecriture.
Qui à Ecrit contre les Heresies
à Ecrit sur des choses spirituelles
Predicateur.
Casuiste.
Qui à Ecrit sur le droit Canon.
Chronologue.
Historien.
Philosophe.
Mathematicien
Orateur.
Poete.
Qui à Ecrit sur diverses matieres.
Qui n'a point perseveré dans les bons sentimens.
Mechant.
Deposé.
Quitte.
Cette etoille marque que cet endroit de l'histoire est douteux et sujet aux dissertations parmi les scavans.
Mort.) m mort environ) Ne se trouve que dans l'ord. alphabet. et marque qu'une chose ne se trouve point ailleurs. Δ Theologien

-- Ces deux tirets avec un point au milieu ne se trouvant que dans l'ordre Alphabetique et marquent qu'on doit chercher les noms d'Auteurs dont la plus—part sont composés par le dernier mot. exemple —Az pilcueta. martin —Au lieu de Martin Azpilcueta.

TABLETTES

DE L'HISTOIRE

ECCLESIASTIQUE,

Divisées en dix-sept Siecles.

Chaque Siecle contient quatre pages, dont les deux premieres suivent la disposition d'une petite regle qui porte un Catalogue de plusieurs matieres, & demeure toûjours attachée à la couverture du livre : les deux autres qui suivent immediatement sont remplies de Conciles distinguez par l'ordre du temps & la durée des Pontificats.

I

A

JESUS-CHRIST Fils de Dieu, Chef perpetuel de son Eglise, veritable Messie, annoncé par les Propheres, nâquit sous l'Empire d'Auguste, M. sous celuy de Tibere. 34

AA. Pierre Galileen Apôtre & *premier Vicaire de Jesus-Christ tint le Siege 5. ans à Jerusalem, 7. ans à Antioche, & 24. ans à Rome* DSI M. 69

B

Saint Marc Evangeliste premier Patriarche d'Alexandrie. .M 64
¶ *Le Anciens reglerent l'ordre des Patriarchats sur celuy des Prefectures, & comme celle d'Alexandrie étoit plus considerable que celle*

B

Saint Pierre Apôtre *pendant 7. ans & jusqu'à la translation du saint Siege à Rome.*

b

Saint Jacques *dit le Juste* .M 63

C

AA. Simon le Magicien *Chef des Heretiques & des Simoniaques, disoit que le monde n'étoit point l'ouvrage de Dieu, mais celuy des Anges qui l'avoient fait avec des grands défauts ; que l'ancienne Loy venoit à une mauvaise intelligence; que nos corps ne devoient point ressusciter; que les femmes pourroient être communes ; & que celle qu'il menoit avec luy appellée Helene ou Celene étoit le saint Esprit. Il entreprit de voler en presence de Neron, voulant autoriser ses erreurs par un effet extraordinaire: mais il ne se fut pas plûtôt élevé en l'air, soûtenu par le demon, que l'Apôtre saint Pierre qui étoit present, & qui défendoit la verité comme Chef de l'Eglise, s'étant mis en priere, obtint le châtiment de cet Heretique, qui tomba sous les fenétres de la chambre de Neron,* DSI M. 68

D

AA S. Mathieu Evangeliste *a écrit l'Evangile en Hebreu* .M 62
AB. S. Marc Evang. & 1. Patriarche d'Alexandrie. .M 64
AC. S. Luc Evangeliste *a écrit les Actes des Apôtres* .m 70
AD, Saint Jean Evangeliste .m 99

AE. S. Paul Apôtre de Jesus-Christ *a écrit & préché les veritez. du Christianisme avec tant de succés, que l'Eglise luy a donné par preference le nom d'Apôtre des Nations* M. 69

AB. S. Lin Toscan   M. 80
AC. S. Clet Romain   M. 93
AD. S. Clement Rom.   M. 102
  ¶ Il a écrit les Constitutions
des Apôtres, & cet ouvrage est en

si grande veneration parmy les
Chrestiens d'Ethiopie, qu'ils le
mettent au rang des livres sacrez.
DSE in Clemente.

A

Anian   m. 87   Albilius   m. 100
d'Antioche, ils donnerent aussi le premier rang au Patriarche d'Alexandrie.

B

Evodius éta-   S. Ignace, dont les Lettres fondées sur la tradition des
bly par saint   Apôtres font quelquefois d'un grand secours contre
Pierre. M. 71   les Heretiques M. à Rome.   110

B

Simeon fils de Cleophas   M. 109

b

AB. Cerinthe } ¶ Ces deux Heretiques nioient la Divinité de Jesus-
                     Christ, & vouloient joindre les anciennes Cere-
AC. Ebion   }   monies de la Loy Mosaïque avec le Christianis-
                     me.
AD Nicolaïtes dont les maximes étoient remplies d'impudicitez, per-
     mettoient la communauté des femmes.
AE. Menandre étoit dans les erreurs de Simon le Magicien, & faisoit
     profession de Magic comme luy. χ caa.   80
AF. Himenée }
                  { Nioient la resurrection des corps. χ caa.
AG. Philet   }

C

AF. Philon le Juif admirateur des   que les Juifs n'y pouvant répon-
premiers Chrétiens d'Alexan-   dre, ont été contraints de le
drie, dont il a parlé sous le nom   biffer de ses écrits. DSI an 34. & 94
des Esseniens.   40 AH. Denis l'Areopagite .M 93
AG. Fl. Joseph Juif a écrit l'histoi- ¶ Hilduin l'a confondu mal-a-pro-
re de sa nation sous le nom d'An-   pos avec S. Denis de Paris mort
tiquitez Judaïques. L'endroit où   l'an 250. Sammart. Gall. Chr.
il parle de Jesus-Christ est si clair, tom. I. p. 400.

D

L E MOT DE CONCILE pris en general & dans toute son étenduë signifie une assemblée, où les Prelats après avoir imploré l'assistance du saint Esprit, conferent ensemble, s'instruisent, examinent les sentimens & les raisons des uns & des autres sur les matieres qui sont proposées, decident & prononcent juridiquement ce qui leur paroit necessaire pour la Religion & le rétablissement de la dicipline Ecclesiastique.

Un Concile est appellé GENERAL, lors que tous les Evêques de la Chrétienté peuvent & doivent y assister, à moins qu'ils n'ayent quelque empéchement legitime : Nôtre S. Pere le Pape y preside comme Vicaire de Jesus-Christ & Chef de l'Eglise Catholique, quelquefois en personne, quelquefois par ses Legats deuëment authorisez : Et lorsque toutes ces formalitez s'y rencontrent le Concile est tenu pour Oecumenique.

NATIONAL, par les Prelats d'un Royaume, ou d'une Nation, assemblez & presidez par un Patriarche ou Primat : on donne quelquefois le nom de Concile General ou Provincial à cette assemblée; mais ce n'est que par rapport au Royaume ou Province où elle se tient.

PROVINCIAL, par les Evêques d'une Province assemblez & presidés par le Metropolitain.

DIOCESAIN par les Prêtres d'un Diocese sous l'authorité de l'Evêque: c'est rarement qu'on donne à cette assemblée le nom de Concile.

Quoyque tous les Conciles generaux soient exactement remarquez dans le cours de cet ouvrage suivant l'ordre du temps, j'ay crû qu'il ne seroit pas mal de les distinguer de tous les autres & de les mettre icy tout d'une suite dans cette Observation.

¶ *Les Apôtres s'assemblerent plusieurs fois pour le bien de la Religion. La premiere de toutes leurs assemblées fut celle de-*

Jerusalem I. *Joseph Barsabas surnommé le Juste, & Mathias, furent proposez pour remplir la place & le ministere du malheureux Apôtre qui avoit trahy Jesus-Christ. Le sort de l'élection tomba sur Mathias* Actes des Apôtres chap. 1. sur la fin.　　　　○ 34

Jerusalem II. *Quelques familles qu'on appelloit Grecques parmi les Juifs parce qu'elles étoient originaires de Grece, se plaignoient du mépris qu'on faisoit de leurs veuves, qu'on excluoit du ministere des Tables, par la preference de celles du païs ; mais les Apôtres s'étant apperceus de ce desordre créerent sept Diacres, ausquels ils commirent non seulement le soin des Tables avec l'administration du temporel, mais encore celuy des choses sacrées.* S. Leo in serm. de S. Laurentio.　　　　○ 34

Jerusalem III. ¶ *Les Juifs qui étoient entrez dans le Christianisme s'étant laissé persuader par Cerinthe, qu'ils ne pouvoient abandonner sans crime certaines ceremonies établies par la Loy de Moyse, vouloient obliger les autres nations qui embrassoient la Foy, de les imiter, ce qui causoit un grand trouble parmy les Fideles ; mais les Apôtres s'étant assemblez, & la question ayant été decidée en faveur des nations, ils leur écrivirent cette lettre synodique.*

Visum est Spiritui sancto & nobis, nihil ultrà imponere vobis oneris quàm hæc necessaria, ut abstineatis vos ab immolatis simulachrorum, & sanguine, & suffocato, & fornicatione, à quibus custodientes vos benè agetis. Valete.　　　　○ 51

Jerusalem IV. *Les ceremonies legales furent permises pour un temps*　　　　C 58

Antioche. *Le Concile de Nicée l'appelle l'assemblée des saints Apôtres, & en cite même un Canon.* D S G　　　　C

¶ *François Turrian Jesuite dans le livre qu'il a fait contre les heret. de Maydebourg pour la défense des Canons des Apôtres & Epitres Decretales des souverains Pontifes, cite les Canons qui suivent en abregé sous l'authorité de Pamphyle le Martyr, qui dit les avoir trouvez luy-même dans la Bibliotheque d'Origene.*

I. *Que ceux qui croyent en Jesus-Christ & qu'on appelloit en ce temps là Galileens, prendront à l'avenir le nom de Chrétiens.*

II. *Que ceux qui auront été baptizez ne seront point sujets à se faire circoncire.*

III. *Qu'on recevra à la Foy toutes les Nations sans aucune exception.*

IV. *Que les Chrétiens éviteront l'avarice & l'usure.*

V. *Qu'ils seront sobres, ne jureront point, & fuiront les spectacles.*

VI. *Qu'ils éviteront la raillerie, les blasphémes & les mœurs des Gentils.*

VII. *Confirme le Decret du 3. Concile de Jerusalem.*

VIII. *Et de peur que les nouveaux Chrétiens ne soient deceus, à cause des idoles qu'ils paignent à l'opposite l'image inseparable du veritable Dieu nôtre Redempteur & de ses serviteurs, afin qu'ils n'errent plus touchant les Idoles, & se gardent d'imiter les Juifs,* cité par le second de Nicée.

A				
A E. Anaclet Athenien	M. 12	AK. Hygin Grec	M. 58
A F. Evariste Grec	M. 21	AL. Pie I. d'Aquilée	M. 67
A G. Alexandre Rom.	M. 32	AM. Anicet Syrien	M. 75
AH. Sixte I. Rom.	M. 42	AN Soter de Fundi	M 79
A I. Telesphore Grec	M. 54	AO Eleuthere Grec	M 94

B				
Cerdon	m. 10	Eumene	.m 34	Agrippin	m. 81
Prime	m. 22	Marc 2.	.m 51		
Just	m. 33	Celadion	.m 66		

B			
Heron	M. 31	Corneille	m. 43	Heron 2.	m. 70

Just	Jean	Philippe	Ephrem	Marc
Zachée	Mathias	Seneque	Judas	Cassien
Tobie	Benjamin 11	Just	¶ *Tous les Patriarc. de Jeruf. qui ont precedé Marc, ont été Juifs de nation.*	Publius
Benjamin	¶ *Les 6. derniers moururent en 13. ans.*	Levi		Maxime
				Julien

AH. Elxaï & Jexée *freres judaïzoient dans le Christianisme, & disoient que ce n'étoit pas un crime de renier Jesus-Christ de bouche pendant la persecution, pourveu que ce ne fist point de cœur.*

AI. Saturniens, *de Saturninus disciple de Simon le Magicien.*   5

AK. Basilidiens, *de Basile d'Alexandrie, soûtenoient les erreurs de Simon, d'Himenée & de Philet, niant que Jesus-Christ eut été crucifié, & que la Virginité fut quelque chose de plus relevé que le Mariage.*

  24

AL. Carpocratites, *de Carpocrate disoient que le monde avoit été creé par les Anges, nioient la resurrection, & rejettoient le vieux Testament: & quant à Jesus-Christ ils disoient qu'il n'étoit pas moins fils de Joseph que de Marie, qu'à la verité il étoit Saint & Juste, que son ame étoit dans le Ciel, mais que son corps n'avoit pas eu plus d'avantage que celuy des autres hommes.*

  29

AM. Valentiniens, *de Valentin, qui donnoit dans les erreurs de Pytagore & de Platon.*

AN. Berylle 1 *de Bostra soutenoit que Jesus-Christ n'avoit pas la divinité avant son incarnation, & qu'il ne subsistoit que par celle de son Pere.*

¶ *Pline le Jeune s'étant apperçu que le nombre des Chrétiens augmentoit tous les jours dans la Bithinie dont il étoit Consul honoraire, en écrivit à l'Empereur Trajan qui luy fit cette réponse:* Hoc genus inquirendos non esse, oblatos verò puniri oportere. *C'est contre cette réponse que Tertullien s'écrie dans son* Apol. ò sententiam necessitate confusam! Negat inquirendos ut innocentes, & mandat puniri ut nocentes, parcit & sævit, dissimulat & animadvertit, quid temetipsum censura circumvenis? DAT. *in Apologet.*

Ar. Victor I. Africain M 203 — en quelque jour de la semaine qu'il arrivât; lorsque le Pape Victor soûtenoit au contraire qu'il la falloit celebrer un jour de Dimanche suivant la tradition des Apôtres, ce qu'il decida solemnellement aprés avoir fait tenir plusieurs Conciles sur ce sujet.

¶ Il y eut une grande dispute entre les Romains & les Asiatiques touchant la fête de Pâques, ceux-cy voulant imiter les Juifs & la celebrer le quatorzieme de la Lune de Nisan, c'est à dire du premier mois,

A

Julien m. 90 — Demetrius tint le Siege quarante cinq ans & m 234

B

Theophile m 80 — Maximin m 91 Serapion

B

Gaian	Maxime	Narcisse	Alexandre &
Symmachus	Antonin	Dius	Narcisse.
Cajus.	Valens,	Germanion	
Julien	Dulichian	Gordius	

Capiton, qu'Eusebe met le vingt-cinquième dans sa Chronique jusques 86

b

AO. Gnostiques, Borborians, Stratiotiques, Phibionites, Socratites, Racheans, Coddians, Barbelites, Naasians, Sectes abominables. DCN 29

AP. Antitactes disoient que le peché n'étoit pas un mal.

AQ. Nazareans judaïsoient dans le Christianisme.

AQ. Millenaires, se persuadoient que Jesus-Christ regneroit corporellement sur la terre aprés la resurrection, & que les élûs goûteroient à leur tour les delices corporelles. Nicephorus l. 3. c. 20. 30

AR. Ophites, ainsi nommez parce qu'ils disoient que le serpent qui avoit deçu le premier homme étoit le Christ. 45

AS. Caians sortis des Valentiniens honoroient tous les mechans hommes dont il est parlé dans l'Ecriture. 45

AT. Sethians disoient que Seth fils d'Adam étoit le Christ. 45

AU. Bassiens abusoient de ces paroles de Jesus-Christ Ego sum, α & ω.

BA. Ptolomée decevoit les Chrétiens par la subtilité des nombres.

BB. Marcites, de Marcus, qui conferoit aux femmes le Sacerdoce & l'administration des Sacremens.

BC. Quartadecimans ou Paschatites, soûtenoient que la fête de Pâques ne devoit être solemnisée que le quatorziéme jour de la Lune du premier

C

AI. Papias ſ de Hierapoli disc. de S. Jean & l'autheur de l'opinion des Chiliastes ou Millenaires se fondoit sur le ch. 20. de l'Apocal. Irenée & Justin donnerent dans cette opinion, qui n'a passé pour une heresie qu'aprés la decision du Pape Damase.

AK. Hermes fr. du Pape Pie. I. 50

AL. Justin qui fit deux Apologies en faveur des Chrétiens. 50

AM. Polycarpe M 69

AN. Meliton ſ de Sardique. 70

AO. Athenagore Φ 70

AP. Hegesipe ſ 80

AQ. Tatian ꝏ 8•

D

A iiij

C

mois, suivant la coûtume des Juifs.

BD. Cerdoniens, *de Cerdon qui admettoit deux principes, l'un bon & l'autre mauvais, nioit la resurrection des corps, & rejettoit les 4 Evang.*

BE. Marcionites, *de Marcion, qui établissoit trois principes, apelloit le Premier le Suprême & l'Invisible, sans autre nom ; le second Createur & Visible, qu'il appelloit le Dieu des Juifs ; & le troisiéme le Malfaisant, qu'il falloit, disoit-il, craindre & ne point aimer, au lieu qu'il falloit aimer les autres & ne les pas craindre.* DAT. *Il nioit la resurrection des corps, & avoüoit celle des ames, declamoit contre le Mariage, & soûtenoit qu'il falloit baptiser jusqu'à trois fois.* DEN.   46

BF. Lucanistes, *admettoient les deux principes de Cerdon, & suivoient les erreurs de Marcion.*

BG. Aquila & Theodotion *faux interpretes de la Bible.*

BH. Apellites, *d'Appellés, qui n'admettoit à la verité qu'un Principe; mais il disoit que ce Principe ne s'étoit jamais mêlé des affaires de cé monde, qu'en tant qu'il avoit produit le Dieu qui a creé le Ciel & la Terre, lequel n'étant point si parfait que son Principe, avoit fait des grandes imperfections.*

BI. Hermogeniens, *d'Hermogene, qui confondoit les trois personnes de la Trinité, nioit la Divinité de Jesus-Christ, & soûtenoit que la matiere étoit coëternelle à Dieu.*

BK. Cataphrygiens, *ou* Montanistes, *de Montanus, qui se disoit le Paraclet, condamnoit les secondes nopces, baptisoit les morts, faisoit l'Eucharistie du sang des petits enfans, & disoit que la Penitence étoit inutile. Prisque & Maximille étoient deux femmes qui suivoient Montanus, & dogmatisoient avec luy.*   73

BM. Pattalorynchites, *ou* Tascodruggites, *faisoient profession de garder le silence, & tenoient le doigt sur la bouche.*

BN. Tatianistes *ou* Encratites, *rejettoient le Mariage, & l'égaloient à la paillardise.*

BO. Severians, *donnoient dans les erreurs de* CBD. CBE. CBN.

BP. Bardalanes.   χ   CAM.

BQ. Archontites, *disoient que ce n'étoit pas Dieu qui avoit fait le monde, mais les Archanges.*   χ   CAA. CAB. CAE. CAI. CAL.

BR. Adamites, *alloient tout nuds, & se disoient imitateurs d'Adam en l'état d'innocence. Prodicus fut l'autheur de cette secte.*   χ   CAO.

BS Florinus *disoit que non seulement Dieu permettoit le mal, mais encore qu'il le faisoit.*

BT. Theodotus *Corrayeur de son métier, vint à Rome après avoir renié Jesus-Christ à Constantinople, & comme il se piquoit d'erudition & de doctrine, il soûtenoit qu'il n'avoit pas renié son Dieu, mais Jesus-Christ homme : ce qui obligea le Pape Victor de l'excommunier & de le chasser de l'Eglise,* DSI.   96

Les Alogiens, *appellez tels par S. Epiphane ; c'est à dire n'ayant point de Verbe, nioient la divinité de Jesus-Christ, rejettoient l'Evangile de S. Jean, & l'attribuoient à Cerinthe contre qui Saint Jean l'avoit écrit.*

¶ Polycrate

¶ *Polycrate Evêque d'Ephese soûtenoit que la fête de Pâques devoit être* A P
solemnisée le quatorziéme de la Lune de Mars, en quelque jour de la
semaine qu'il arrivât. Le Pape Victor soûtenoit au contraire qu'il ne la
falloit celebrer qu'un jour de Dimanche. L'un & l'autre appuyoient leurs
sentimens sur la tradition des Apôtres, & bien que ce ne fût qu'une que-
stion de discipline, elle ne laissa pas d'exciter une grande division entre
les Evêques d'Orient & l'Eglise de Rome ; jusque la même que le Pape
Victor aprés avoir écrit aux Evêques, & fait tenir plusieurs Conciles, *
excommunia ceux qui ne celebreroient pas la Pâque conformement à l'E-
glise de Rome ; quoique cette conduite n'agreât pas au reste des Evéques,
qui obligerent saint Irenée de s'en plaindre : Mais enfin ce remede quoi-
que violent parut necessaire, & la chose étant passée en dogme, on tint
pour Heretiques ceux qui ne voulurent point se soûmettre à la decision du
S. Siege. Baronius an, 198.

Palestine, *Par Theophile Metropolitain de Cesarée.* ¶ *Le venerable*
Bede en rapporte ce fragment : Les Evêques dirent en opinant : Peut-on
celebrer la fête de Pâques un autre jour que celuy du Dimanche : puisque
ce jour a été sanctifié de tant de benedictions. Quelles sont donc ces bene-
dictions ? dit Theophile Evêque qui presidoit à l'assemblée : dites les, je
vous prie ? afin qu'on puisse les mettre par écrit. La premiere, dirent les
Evêques, est celle-cy ; Les tenebres furent dissipées & la lumiere parut en
ce jour. La seconde, Le peuple d'Israël sortit de la terre d'Egypte, com-
me des tenebres du peché, & passa par la mer rouge, comme par les eaux
du Baptéme. La troisiéme, La manne tomba du Ciel, & fut donnée aux
hommes. La quatriéme, Moyse commanda au peuple de l'observer
comme le premier & le dernier jour. La cinquiéme, il est dit dans le cent
dix-septiéme Pseaume ; Ils m'ont environné comme des abeilles, & ont
brûlé comme un feu qui petille dans les épines, &c. (Ce qu'il faut enten-
dre de la Resurrection du Seigneur) : *Et puisque ce jour est plus par-*
ticulierement que les autres l'ouvrage du Seigneur, rejoüissons-nous, &
portons nôtre joye jusqu'aux Autels. DGF.. In commentar. de Equi-
noctio vernali.

A

AQ. Zephyrin Romain   M. 25
AR. Calixte I. Romain   M. 26
AS. Urbain I. Romain   M. 33
AT. Pontien Romain   M 37
AU. Anthere Grec   M 38
BA. Fabien Romain   M. 53
¶ L'Eglise fut cruellement perse-cutée sous l'Empire de Dece, & le S. Siege vaqua plus d'un an.
BB. Corneille Romain   M 55
BC. Lucius I. Romain   M. 57
BD. Estienne I. Romain   M. 60
BE. Sixte II. Athenien   M 61
BF. Denis I. moine   M 72

2

Demetrias   m 34
Heracleas, *défendoit les erreurs d'Origene.*   m 48
Denis, *se declara contre Origene & les Novatiens, & après avoir suivi quelque tems les opinions de*

B

Asclepiade, *jusque*   19
Philet, *jusque*   30
Zebenne   m 41
Babylas m. *en prison*   53
Fabius, *jusque*   55
Demetrien, *jusque*   62

b

Mazabene, *qui fut associé par Narcisse après la mort d'Alexandre*   m 66
Himenée, *qui assista au Concile d'Antioche jusque*   96

C

BU. Praxeas nioit la pluralité des personnes dans la Trinité, disoit que Jesus-Christ étoit Dieu le Pere tout puissant, & que Dieu le Pere avoit été aussi crucifié. Ceux qui suivirent cet erreurs furent appellez Monarchiques, en ce qu'ils n'admettoiët qu'une personne dans la Trinité, & Patropassiens, en ce qu'ils attribuoient la passion de Jesus-Christ a Dieu le Pere

CA. Tertullianistes, de Tertullien, qui tomba dans l'heresie de Montanus, & crut que les ames étoient engendrées avec le corps.

CB. Arabiens croioient que l'ame mouroit & resuscitoit avec le corps.

CC. Aquariens, Prêtres qui n'offroient que de l'eau dans leur sacrifice.

CD. Novatiens, de Novatianus, que plusieurs Auteurs ont confondu mal à propos avec Novatus (d'Afrique, l'un & l'autre schismatiques-
¶ Les Novatiens disoient qu'il ne falloit plus recevoir dans l'Eglise ceux qui avoient succombé, quelque penitence qu'ils fissent.

CE. Symmachus disoit que Jesus-Christ étoit purement homme. χ C AB.

CF. Origenistes ou Origeniens, Sectateurs d'Origene, dont les erreurs ont été condamnées dans le cinquiéme Concile general tenu a Ccple.

CG. Metangismonites erroient touchant le mystere de la Trinité, & disoient que le Fils étoit dans le Pere, comme un moindre vaisseau dans un plus grand.

D

AR. Minutius Felix ℞.
AS. Irenée s de *Lyon disciple de Papias & de Polycarpe* ✝   M. 5
AT. Tertullien *Cartaginois, après avoir écrit eloquëment, & d'un stile presque inimitable contre les heresies, de son siecle, fut assez malheureux pour tomber luy-même dans* celle des Cataphrigiens, & former une secte qui porta son nom. DCT. 85 de hæres. ℞. ✝ ♋   .M 16
AU. Clement Alexandrin ℞. Δ
BA. Ammonius Alex. ◆ z m 30
BB. Hippolite s Δ   M 30
BC. Origene *Prêtre d'Alexandrie* ℞. Δ ♋   m 54

¶ *Il falloit donc que dans la primitive Eglise & pendant les grandes persecutions les Chrétiens eussent embrassé la sainteté de cet Institut.* DSE in Dionyf.

BG. Felix I. Romain M 75
BH. Eutichien de Luna M 83

BI. Gaius de Dalmatie M 96
BK. Marcellin Romain M l'an 304
¶ *Il fit semblant de sacrifier aux idoles pour éviter la mort: mais il expia ce grand crime en s'exposant librement au martyre après avoir fait une penitence exemplaire.*

A

S. Cyprien touchant le Baptême des Heretiques, se soûmit au Pape Estienne m 66

Maximin m 85
Theonas, jusque 100

B

Paul de Samozate, *heretique, chassé par le 2. Concile d'Antioche* 72
Timée, *jusque* 83
Cyrille m. 99
Domnus *fils de Demetrie qui avoit tenu le Siege avât Paul de Sam.* m 77

B

Zambdas .m 99.
¶ *Il baptisa la Legion Thebéene composée de 6666. hommes, que l'Empereur Maximin fit perir dans les Gaules.*

b

CH. Helcesaïtes & Samseans *judaïsoient & faisoient profession d'Astrologie judiciaire.* X CAH.
CI. Valesiens, *de Valez Eunuque qui suivoit les erreurs d'Origene.*
CK. Melchisedechiens, *preferoient Melchisedech à Jesus-Christ.*
CL. Rebaptizans, *rebaptizoient les Heretiques contre l'usage de l'Eglise.*
CM. Sabellianites, *de Sabellius & de Noëtus qui nioient la Trinité, & disoient que la distinction des personnes n'étoit autre que celle de leurs noms, qu'ils appelloient de Simples expressions des effets de la Divinité.* X CBU.
CN. Manichéens, Mataires, Acuans, Catharistes, Macariens, Apocarites, Dicarites, Brachites, Abstinans, *Sectes de Manés, qui admettoit deux Principes & deux Royaumes coëternels, nioit le libre arbitre & la necessité du Baptéme, disant qu'il étoit inutile, & croyoit la Metempsycose.*
CO. Omousiastes, *disoient que nos ames étoient de même essence que Dieu.*

C

BD. Cyprien s *de Cartage* M. 58
BB. Gregoire Thaumaturge s *de Neocesarée* E. ? m. 95
¶ *Il fit une Exposition de foy contre Elian qui calomnioit les Chrétiens & publioit qu'ils adoroient plusieurs Dieux à cause de la Trinité des personnes, & comme il avoit à combattre un ☉ Payen qui ne sçavoit point la signification de nos termes, il sembla confondre les Personnes divines, & donner dans les erreurs de Sabellius. Mais saint Basile luy a servi d'interprete.* Epistola 64.

D

AQ   Afrique. 3. *Agrippin Evêque de Cartage ayant assemblé les Evêques d'Affrique & de Numidie, fit le Canon qui portoit, Que le Baptême des heretiques devoit être reïteré, sur ce fondement, que le premier qui n'avoit point été conferé dans l'Eglise étoit nul. Cette nouveauté que le zele trop indiscret de cet Evêque vouloit introduire contre la pratique de l'Eglise, excita des grandes divisions.*   17

¶ *On ne sçait si Tertullien qui vivoit encore du tems d'Agrippin, & qui ne haïssoit pas moins que luy les heretiques, n'a point été l'Autheur de cette nouveauté; l'ouvrage qu'il a fait sur ce sujet, & qu'il cite luy même dans un livre qu'il a écrit touchant le Baptême contre Quintille, quoy qu'il ne se trouve plus, donne occasion de le croire.*

BA   Philadelphe. C. *Contre les erreurs Berylle Evêque de Bostra.* CAN. 42

Arabie. C. *Contre les Arabiens, qui disoient que l'ame mouroit & resuscitoit avec le corps. Origene prié par les Peres de ce Concile d'écrire contre cette erreur, s'en acquita dignement.*   49

O   Rome I. C. *Le Siege vacquant pendant la persecution.*   53

¶ *Ceux que la crainte des supplices avoit jetté dans l'idolatrie se voyant moins pressez des tyrans, rentroient en eux-mêmes & se repentoient de leur crime: mais on ne sçavoit de quelle maniére en agir avec eux. Le Clergé de Rome ne voulant point se faire autheur d'une nouvelle discipline pria les Evêques du voisinage & les étrangers qui se trouverent à Rome de s'assembler, & de prescrire ce qu'on devoit faire sur ce sujet. Le Decret en est remarquable.*

Pulsent sané fores, sed non utique confringant; adeant ad limen Ecclesiæ, sed non utique transiliant; castrorum cælestium excubent portis, sed armati modestia, qua intelligant se desertores fuisse...... Multum illis proficiat petitio modesta, postulatio verecunda, humilitas necessaria, patientia non ociosa, mittant legatos pro suis doloribus lachrymas, advocatione fungantur ex intimo pectore; prolati gemitus dolorem probantes commissi criminis, & pudorem.

Cartage, C. *par S. Cyprien. Il fut arrêté dans ce Concile, Que ceux qui avoient succombé pendant la persecution, seroient receus aprés avoir achevé leur penitence.*   53

BB   Rome. ○. *Le precedent Concile de Cartage y fut confirmé. Quant aux Prêtres qui étoient dans le cas, il fut dit qu'on les recevroit seulement à la Communion des laïques.*   54

Rome, ○. *contre les Novatiens.* Italie, ○. *pour le même sujet.* 55

¶ *Il y avoit en ce temps-là deux factions de Schismatiques dont les sentimens étoient tout à fait contraires; mais qui pourtant s'unissoient & conspiroient d'un commun accord contre l'Eglise. Les Novatiens disoient qu'il ne falloit point recevoir ceux qui avoient une fois succombé, quelque penitence qu'ils fissent. Felicissimus & tous ceux qui suivoient son party soutenoient au contraire, qu'il falloit les recevoir sans attendre même qu'ils eussent achevé leur penitence. L'Eglise qui tenoit le milieu, faisoit grace à tous ceux qui se repentoient: mais elle vouloit que la penitence precedât la reconciliation.*

Cartage II. C. *contre les deux factions.*   55

BD   Afrique I. C. *pour la discipline Ecclesiastique.* ¶ *Geminius Victor y fut excommunié même aprés sa mort, pour avoir laissé, contre la disposition de quelque Concile, la tutelle de ses enfans à un Prêtre nômé Fortunatus.* 57

A

BL. Marcel I. Rom. m. *en prison* 9	BR. Libere Romain m 67
BM. Eusebe Grec m 11	¶ *Les Ariens ne pouvant gagner*
BN. Melchiade Africain m 13	*Libere, persuaderent à l'Empe-*
BO. Sylvestre Romain m 35	*reur Constance de le faire en-*
BP. Marc Romain m 35	*lever.*
BQ. Jule I. Romain m 52	

B

Pierre   M 10. DDF   Achillas   m 11   Alexandre   m 26
Athanase *dit le fleau des Ariens*   m 72

B

Tyrannus   m 12   Vital *qui convoqua le Concile d'Ancyre* .m 15

b

Hermon   .m 12   Maxime *Evêque de Diospoli sou-*
Macaire *tint le Siege* 19. *ans* m 31   *haité par le pouple de Jeruf. tint*

Alexandre *succede à Metrophanes*
   l'an 17 &   m 40   Eusebe h. *qui fit revivre l'heresie*
Paul *déposé par les Ariens* M 51   *des Ariens*   m. 42
   ¶ *Les Evêques de Constantinople ne prirent point le nom de Patriarches*

C

CP. Meletiens, *de Meletius apostat, qui se joignit aux Ariens.*   11

CQ. Ariens, *d'Arius Prêtre d'Alexandrie, qui disoit que le Pere, le Fils, & le saint Esprit ne sont point d'une même nature, substance, ou essen-ce; en un mot que la Sainte Trinité n'est pas consubstantielle* DCC. 15

¶ Totus penè orbis Arianum se esse miratus, tunc verè ingemuit. DCS. Dialog. contra Luciferum.

CR. Colluthiens, *de Colluthus qui confondoit le mal de peine avec celuy que nous appellons malice, & sur ce fondement soutenoit que le premier ne renoit point de Dieu*   15

CS. Eustathiens, *d'Eustathius f de Sebaste ennemi du culte des SS.* CBO 20

CT. Donatistes, *de Donat, qui se mit à la tête des Schismatiques d'Afrique, & joignit bien-tôt au schisme l'heresie des Rebaptizans,* DCT.   21

CV Marcelliãs, *de Marcel f d'Ancyre qui nioit la Divinité de* J.C. DSH. 40

DA Aeriens, *qui rejettoient le sacrifice & les prieres pour les morts.* DCT. 42

DB. Circuiteurs *disoient qu'il étoit permis de se tuer.* DCC.   51

DC. Demi-Ariens, *nioient avec les Ariens que la Trinité fût consubstan-tielle, & avoüoient pourtant qu'elle étoit de semblable substance: ce que les autres ne vouloient point accorder.* DCN. DCT.   57

DD. Eunomiens, & Aëtiens, *d'Eunomius disciple d'Arius.*   58

D

BF. Methodius f *de Tyr.* Δ ?. M 3	BN. Antonius II ? .m 56
BG. Victorin f *de Petavv* z ↓ M 3	BO. Serapion f *de Thmveos* ↓ 56
BH. Arnobe *Africain a écrit contre les Gentils* ↓ .m 26	BP Eusebe f *d'Emese* z. .m 60
BI. Lactance *dit Cicer. Chrét.* R. 28	BQ Dorothée *Prêtre de Tyr* z. M.62
Juvencus *Prêtre Espagnol.* ☓☓ 29	BR. Hilaire f *de Poitiers* z ↓ .m 67
BL. Eusebe f *de Cesarée* ☒. f m 40	BS. Victorinus Afer z. ↓ 70
BM. J. Maternus Firmicus Δ ↓ 42	BT. Titus f *de Bostra* z ↓ 70
	BU. Athanase B. *d'Alex.* ↓ Δ ?m.73

BS. * Felix II. Romain *substitué par les Ariens au Pape Libere, qu'ils avoient fait exiler, ne fut pas plûtôt assis sur la Chaire de Saint Pierre qu'il changea de sentiment, & condamna l'Empereur Constance.* M. 57

BT. Damase I. Portugais   m 84

BU. Syrice Romain   m 98

CA. Anastase I. Romain   m 402

    A

Pierre II.   m 80   Timothée   m 85   Theophile   m 412   B

Philogone   m. 19   Paulin   m 24   Eustathius m. *en exil.* 40   B

---

le Siege vingt ans, &   m 51   S Cyrille   m 86   b
                        Jean II. m. *l'an*   416

Macedonius *heretique* d.   60   S. Gregoire de Nazianze   q. 81

Euxdoxius *Arien*   m 70   Nectarius, *changea la Confession publique en privée.*   m. 97

Evagrius

qu'aprés le decret du second Concile Oecumenique.

DE. Macedoniës *ou* Pneumatiques, *nioiët la divinité du S Esprit.* DCT. 59

DF. Agonoëres, *de Theophronius, qui disoit que la science de Dieu n'étoit pas immuable.*   65

DG. Rhetoriens, *soûtenoient que tous les heretiques avoient raison. Saint Augustin disoit qu'ln'étoit pas possible qu'un homme de bon sens tombâst dans une si sotte erreur.* DCT   L. de hæret. cap. 72

DH Patriciens *ou* Paterniens, *disoient que nôtre chair étoit l'ouvrage du diable, & qu'il falloit s'en défaire au plûtôt.* DCC. DCT.

DI. Apollinaristes, *disoient premierement que Jesus-Christ avoit pris un corps, mais sans ame, & quelque tems aprés ils avouoient qu'il avoit aussi pris l'ame, mais non pas l'esprit, attribuant tout au Verbe.* DSH. DDD.   77

DK. Timtoheäs, *disoiët que J. C. ne s'étoit incarné qu'en faveur de nos corps.*

DL. Collyridiens, *attribuoient la divinité à la sainte Vierge.*

DM. Seleuciens *soûtenoient que la matiere étoit coëternelle à Dieu, & qu'il étoit corporel.*

DN. Procliniates, *nioient l'Incarn. de J. C. nôtre resurrect. & le jugem. univ.*

DO. Priscilianistes, *de Priscillien ſ Espagnol.* X CAO. CBP.   88

DP. Antropomorphites, *côce roiët Dieu sëblable à un hôme corupt.* DOI. 95

CA. Ephrem *Diacre d'Edesse, appellé* Magister orbis ?   m 78

CB. Basile ſ *de Cesarée* 7. m 78

CC. Philastre ſ *de Bresse* ‡ m 87

CD. Gregoire de Naz. ſ *de Sasam* Δ 7.   m 89

CE. Macaire *le vieux* 7. m 91

CF. Greg. Espagnol ſ *d'Elvire* ‡ 92

CG. Fegadius, *ou* Phœbadius ‡ 92

CH. Pacôme II ?   m 93

   ¶ Avlone *Bourdelois* ≋   94

CI. Gregoire ſ *de Nisse* Z ? m 95

CK Ambroise ſ *de Milan* Z? m 97

CL Asterius ſ *d'Amasa* 7.   100

GM. Vigile ſ *de Trente* ‡ M 100

       D

A

CB. Innocent I. d'Albe   m. 17
¶ *Il excommunia l'Emp. Arcadius & l'Imp. Eudoxe sa femme*
CC. Zozime Grec   m. 18
CD. Boniface I. Rom.   m. 23
CE. Celestin I. Rom.   m. 32
¶ *Il écrivit une lettre aux Evê-|ques des Gaules touchant les er-|reurs de Pelage.*
CF. Sixte III. Rom.   m. 40
CG. Leon I. Rom. *dit le Grãd.* m. 61
¶ *Il soûtint luy seul par ses écrits le Concile de Calcedoine, qu'on atta-|quoit ouvertement de tous côtez.*

B

Cyrille 44   Proterius M. 57   Timothée 3. dit Solo-
Dioscorus 52   Timotheus Ælurus d. 60   faciolus *jusque* 82

B

Alexandre *qui pacifia l'Eglise d'Ant. troublée par le schisme des Meletiens & les partisans de l'I Paulin.* m. 11   Theodot m. 27 Maxim 9 m. 56
Jean 36
Dõnus *chassé par Dioscor 9 l'ã* 51

b

Paraphile m. 29   Juvenal m. 57   Anastase m. 77   Martyrius m 85

ß

S. Jean Chrisostome d. 4   Sisinne m. 27   Proclus m. 46
Arsacius m. 6   Nestorius d. 31   Flavien M. 49
Atticus m. 25   Maximien moine m. 34

C

DQ. Jovinien *disoit que tous les pechez étoient égaux, que la virginité n'é-toit point d'un plus grand merite que le mariage & que l'homme aprés le baptéme avoit la liberté de faire le bien & non le mal, & qu'au re-ste il n'y avoit point de distinction entre les merites dans l'autre vie.* DES.
DR. Vigilantius *Espagnol preschoit contre le culte & l'invocation des Saints, la Virginité, les Jeusnes & les miracles, qu'il appelloit prestiges du demon.* ¶ *C'est le premier Heretique qui a troublé la pureté de nôtre Religion dans les Gaules.* DCS.   2
DS. Felix *Manichéen convaincu par S. Augustin en une dispute qui dura deux jours, rentra en luy même & renonça à son erreur.*
DT. Pelagiens, *Secte de Pelage, qui disoit que l'homme pouvoit sans le secours de la Grace, par les seules forces de la Nature, faire son salut, & garder la Loy de Dieu.* DCT.   5
DU. Abeloïtes *se marioient, mais ils n'habitoient point avec leurs fem-mes, adoptant les enfans de leurs voisins, à condition qu'ils vivroient dans la même Secte.* DCT.   7
EA. Vincent Victor *disoit que l'ame n'avoit pas été creée de rien, mais de la substance de Dieu.* DSI.   20
EB. Theodore f *de Mopsveste, & Diodore f de Tharse, dont les erreurs ne*

D

CN. Epiphane f *de Salamine.* ‡ m. 5
CO. Prudence *Espagnol* ≈≈ 5
CP. Jean Chrysostome ☩ m. 7
CQ. Gaudentius f *de Bresse* 7 m. 10
CR. Rufin *Prêtre d'Aquilée.* z 10
CS. Jerôme *de Sdrigno* ∆ ‡ . m 20
CT. Augustin f *d'Hip.* ∆ ? z .m 30
CU. Severe Sulpice. f   20
DA. Paulin f *de Nole* ≈ m. 31
DB. Isidore *de Pelase* i 32
DC. Hesychius *Pr. de Jerus.* ? m. 33
DD. Vincent *de Lerins* ‡ 34
DE. Victor *de Marseille* ≈≈ 40
DF. Socrate & Sozomene f 40
DG. Dracontius ≈≈ 40
DH. Cyrille *Alexandrin* m. 44

CH. Hilaire de Sardique.   m. 67 | ¶ *Il excom. l'Emp. Anastase qui fa-*
CI. Simplice de Tivoly.   m. 83 | *vorisoit Acacius & les Eutychiens,*
CK. Felix III. Romain.   m. 92 | *& cette seule action doit suffire pour*
CL. Gelase I. Africain.   m. 96 | *justifier sa conduite contre l'impo-*
¶ *Il chassa les Manichéens de Ro-* | *sture des heret. & schismat. qui l'ont*
me & fit brûler leurs écrits. | *voulu mettre au rang des heretiques*
CM. Anastase II. Romain· m. 98 | CN. Symmachus de Sardiq. m. 514

Jean, *dit Talaïade.*   d. 82   Athanase II.   m. 97
Pierre Mogus,   m. 91   Jean II. *dit Mela.*   m. *l'an* 506

Basile   58   Pierre le Foulon d. m. 86   Calendion d. *par*
Acacius   Etienne   M. 79   Palladius   m. 96
Martyrius q. 71   Etienne III.   m. 82   Flavian. m *l'an* 512

Saluste   m. 92   Elie *Arabe*   d *l'an* 513.

Anatolius   58   Acacius   d. 84   Euthimius   .m 95
Gennadius   m. 71   Flavitus d. m. 88   Macedonius .m *l'an* 511

parurent qu'aprés leur mort. DSI.   28
EC. Nestoriens *de Nestorius, qui distinguoit deux personnes en Jesus-*
Christ, l'une divine & l'autre humaine, & disoit que la tres-sainte
Vierge n'étoit pas Mere de Dieu. DDF. l. 7. cap. 31.
ED. Le faux Moïse *imposteur, qui fit accroire aux Juifs de Candie qu'ils*
n'avoient qu'a se jetter dans la mer & qu'ils la passeroient à l'imita-
tion de leurs peres.
EE. Eutyches *confondoit les deux natures en Jesus-Christ.*
EF. Acephales, *certains factieux qui ne voulant adherer ny à Cyrille B.*
d'Alex. ny à Jean B. d'Antioche, formerent une nouvelle secte. DFD.
¶ *Ceux qui par politique approuvoient le Concile de Calcedoine avec les*
Catholiques, & le reprouvoient avec les heretiques, furent encore ap-
pellez Acephales. DFO.
EG. Pierre le Foulon s *d'Antioche, chef des Theopascatites, tomba dans*
les heresies des Valentiniens, des Manichéens, des Ariens, des Euty-
chiens & des Appollinaristes, adjoûtant au Trisagion, c'est à dire au
Sanctus Deus, Sanctus fortis, Sanctus & immortalis--qui passus est
pro nobis. DSI.   85

DI. Proclus s *de Chizico* ꝫ m. 46 | DR. Theodoret s *de Cyr*   60
DK. Cassien *Grec* ✝   m. 48 | DS. Arnobe *le jeune* △ z   60
DL. P. Chrysolog. s *de Rav.* m. 49 | DT. Maxime s *de Turin*   m. 66
DM. Hilaire s *d'Arles* ✝   54 | DU. Sidonius Appollin. ♒ .m 82
DN. Euchere s *de Lyon* ꝫ   .m 54 | EA Salvien *Prêtre de Mars.*   90
DO. Basile s *de Seleucie* ꝫ   55 | EB. Victor s *d'Utique* s   .m 90
DP. Valerien s *de Senez* ꝫ   55 | EC. Julian⁹ Pomeri⁹ s *d'Afr.* z 95
DQ. Prosper *d'Aquitaine* s ♉   55 | ED. André s *de Cesarée* z   100

A

CO. Hormisda	m. 23	CT. Agapet I. Romain	m. 36
CP. Jean I. Toscan m. *en prison*. 26		CU. Silvere Italien	m. 40
CQ. Felix IV. de Samos	m. 30	DA. Vigile Romain	m. 55
CR. Boniface II. Rom.	m. 31	DB. Pelage I. Romain	m. 59
CS. Jean II. Romain	m. 35		

B

Jean II. *dit Mela.* m. 6   Dioscor⁹ *le jeune.* m. 19   Asterius
Jean III. *dit Mach.* m. 17   Timothée   d. 21   Theod. & Gaïä intr⁹

B

Severe Acephale d. 19   Ephrem.   ¶ *Qui prit charitablement la con-*
Paul II.   21   *duite de l'Eglise d'Antioche, la ville ayant*
Euphrasius I. *jusques* 25   *été presque abimée.*   m. 46

b

Jean III. m. 25   Pierre m. 46   Macaire II.   Eustochius m. 61

Timothée m. 17   Anthime d. 36   f Eutichius m. 82.
Jean II. m. 20   Mennas m. 52   ¶ *Il fut consacré par le Pape A-*
Epiphane. m 35   *gapet dans l'Eglise de Ste Marie de Constantinople.*

C

EH. Predestinatiens, *Heretiques qui rendoient toutes sortes d'œuvres inu-tiles tant pour le salut que pour la damnation.* Hæc hæresis ex libris Augustini malè intellectis, initium sumpsisse dicitur. DKQ. in chronicon ann. * 415.

EI. Deuterius *changeoit la forme du Baptéme & disoit* In nomine Patris, per Filium, in Spiritu Sancto. DOI. l. 16. cap. 35.

EK. Severus *Moine Eutichien se mit à la tête des Acephales, & tâcha par toutes sortes de voyes, même les plus cruelles, d'attirer tout le monde à sa Communion.*

¶ *Les Eutychiens se partagerent en deux factions, dont les uns furent appellez Corruptibles & les autres Incorruptibles.*

EL. [Corru]ptibles, *parce qu'ils soutenoient que la chair de J. C. avoit été* [corrupt]*ible, & que de toute necessité elle avoit été sujette aux passions.*

EM. [A]phtardocites, Incorruptibles, Phantasiastes ou Gaïnites, *disoient [tout] contraire que J. C. avoit été incorruptible & exempt des passions, de maniere pourtant que s'il l'avoit voulu il y auroit été sujet.*

EN. Agnoites *appellez tels, parce qu'ils asseuroient que J. C. avoit ignoré le jour du jugement aussi bien que nous.*

EO. Tritheites, *de Philopone qui admettoit trois Dieux dans la Trinité.*

D

EE. Ruricius f de Limoges ♉	6	EN. Marcellinus Comes ☉	33
EF. Avitus f de Vienne ? ♑ ♒	20	EO. Juste f d'Urgel ?	40
EG. Ennodius f de Pavie ♉ m.	21	EP. Arator ♒	40
EH. Boëce φ	M. 24	EQ. Celaire f d'Arles ♑ ?	.m 43
EI. Jean Maxence Pr. d'Ant. ✝	23	ER. Victor f de Capoüe z	45
EK. Fulgence f d'Affachus △ ♑	29	ES. Ferrand Africain	48
EL. Denis le petit ☉	33	ET. Virgile Africain ✝	50
EM. Eugippe Africain ♉	34	EU. Rusticus ✝	50

DC. Jean III. Romain	m. 72	pes, qui défendent le droit du S. Siege, avec des raisons si puissantes que les schismatiques rentrêt dans leur devoir, & se contentent du second rang que Boniface III. leur accorde pour le bien de la paix.
DD. Benoît I. Romain	m. 77	
DE. Pelage II. Romain	m. 90	
¶ Jean Evêque de Constantinople & Cyriaque son successeur prennent le titre d'Evêques universels, & veulent se mettre au dessus des Pa-		DF. S. Gregoire le Gr. Rõ. m. 604

(A)

Paul *Moine* m. 37		Apollinaire *receu à la Comm.*	Jean IV.	m. 81
Zoïle	d. 51	*de l'Eglise par Vigile* 53. m. 70	Euloge. m *l'an* 608

(B)

Domnus II.	m 61	*nastase*	m. 94
Anastase	d. 61	Anastase *retrend le Siege &* m. 99
Gregoire *substitué à la place d'A-*		Anastase II.	.M *l'an* 609

(B)

Jean IV.	m. 95	Hamos	M. *l'an* 601

(b)

Jean III. *intrus*	m. 78	
Jean IV.	m. 96	¶ *Ces deux Patriarches prirent le*
Cyriaque	m. 606	*titre d'Evêques universels.*

(a)

EP. Monothelites *appellez encore Egiptiens ou Schematiques, ne reconnoissoient en Jesus-Christ qu'une seule volonté* DSI. an. 563.

EQ. Jacobites, *de Jacques Zanzalus, qui préchoit en Syrie les erreurs des Monophysites & Theopaschatites, disant que la Trinité étoit consubstantielle.* DSH. 84

ER. Tetradites *ou* Petrites, *secte de Severites, qui rejettoient le IV. Concile General.* DOI, l. 18. c. 49.

ES. Didier *de Bourdeaux affectoit une maniere d'habit rustique de poils de chevre, couroit le pays, seduisoit le peuple par des faux miracles, qui n'étoient que des effets de magie ou d'adresse, voulant faire accroire qu'il étoit le Christ, mais qu'il ne devoit se manifester qu'à la fin.* DFK. l. 9.

ET. Christolites *tenoient que J.C. étant descendu aux enfers y avoit laissé le corps & l'ame, & qu'il étoit monté au Ciel avec la seule Divinité.*

(C)

FA. Primasius ʃ *de Toulba* z	52	FH. Jean Climacus I. *du Mont Sinai?*	80
FB. Junitius ʃ *Africain* z	52	FI. Leonce de Bizance ┼	90
FC. Darius ʃ *de Milan* Ô	m. 45	FK. Gregoire *de Tours* ʃ	m. 94
FD. Liberatus ┼	66	FL. Evagrius ʃ	m. 97
FE. Cassiodore z ʃ	m. 62	FM. Jean ʃ *de Gironne* Ô	m. 100
FF. Victor. ʃ *de Tanis* Ô	m. 66		
FG. Martin ʃ *de Braga* ? m. 80			

(D)

Mopsveste

D

A

DG. Sabinien de Volterre	M. 5	DO.* Jean IV. de Dalmat. m. 49
DH. Boniface III. Rom.	m. 6	DP. Theodore I. Grec 49
DI. Boniface IV. de Valeria m.14		DQ. S. Martin Toscan m. 54
DK. Deus-dedit Romain	m. 17	¶ l'Empereur Constans indigné de
DL. Boniface V. Neapol.	m. 25	ce qu'il n'avoit pas voulu recevoir
DM. Honorius I. Italien	m. 38	Paul ß de Constantinople à la Com-
DN. Severin Romain	m. 39	munion de l'Eglise, luy fit couper la

B

Theodore	m. 10	George	m. 30
Jean V. dit l'Aumônier		Cyrus	m. 40

B

Gregoire II.	29	Anastase III.	Macedonius

b

Hesychius *ou* Isacius.	Sophronius	m. 36
Zacharie.	Theodore.	.m 59

¶ *La ville de Jerusalem prise par Cosroë Roy de Perse.* DSE.

ß

Thomas	m. 8	Paul II.	m. 51	Jean V.	m. 64
Sergius	m. 39	Pierre	m. 56		
Pyrrhus		Thomas II. m. 58			

EU. Heicetes, *certains Moines qui croyoient qu'il falloit sauter, danser & faire des mouvemens extraordinaires pour honorer Dieu.* DGG. *de hæres.*

FA. Gnosimaques *se piquoient d'ignorance, & disoient que l'étude qu'on faisoit de la sainte Ecriture étoit inutile.* DGG. *de hæres.*

EB. Mahomet *Arabe, ignorant à la verité, mais politique & rusé, entreprit une secte composée de toute sorte de Religions, aidé par un Moine appellé Sergius. Il rejetta les sentimens & les articles les plus sublimes de nôtre foy, & se contenta d'une doctrine qui peût regler les mœurs.*

C

¶ *Il a nie la Trinité avec Sabellius; & a dit avec Carpocrate que Jesus-Christ n'étoit pas Dieu, mais Prophete; & plus ridiculement encore avec Cerdon, qu'il étoit impossible que Dieu eût un fils puisqu'il n'avoit point de femme; que Jesus-Christ n'a point été crucifié; que les demons se reconcilieront avec Dieu à la fin du monde; que Dieu est corporel, & que la supréme felicité des hommes doit consister dans les plaisirs du corps.*

DSH. V. Mahom.

D

FN. Anthiocus ♍ ♑ ? 16	*lites.* DSI.
FO. Leonce ſ *de Napoli*, ou Le-	¶ *S. Jerôme a parlé dans son livre*
mise *la neuve* ✝ 20	*des Ecrivains Ecclesiastiques d'un*
FP. Jean Moschus Eviratus ? 30	*autre Sophronius, qui traduisit ses*
FQ. Isidore ſ *de Seville* △ ☉ m. 36	*ouvrages en Grec.*
FR. Sophronius *Patriarche de Je-*	*L'Abbé Isaïe & Aponius vivoient*
rusalem défendit la foy Catholi-	*dans ce siecle. Le dernier est cité*
que contre l'heresie des Monothe-	*par Bede cap. 25. l. 4. commen-*

langue & la main, & le relegua		EB. Leon II. Sicilien	m. 84	
au Cherfonefe où il mourut.		EC. Benoift II. Romain	m. 85	
DR. Eugene I. Romain	m. 55	ED. Jean V. d'Antioche	m. 86	A
DS. Vitalien de Segni	m. 69	EE. Conon de Thrace.	m. 87	
DT. Deodatus Romain	m. 76	EF. Sergius I. d'Ant. m. *l'an* 701		
DU. Domnus I. Romain	m. 78			
EA. Agathon Sicilien	m. 82			

Pierre *tint le Siege jufque*   50   B

Macaire	d. 81	Alexandre II. *aprés lequel le Sie-*	B
Theophane	m. 85	*ge vaqua quarante ans.*	

Elie   87   Jean   *mourut environ l'an* 95   b

Conftantin	66	Paul III.	m. 91	c
Theodore	d. 78	Callinicus	d. 703	
George	m. 82			

FC. Armeniens *ont pris leur origine de l'Eutychianifme; ils tiennent que le faint Efprit ne procede que du Pere ; ils facrifient a la Judaïque ; & le mariage ne dure chez eux qu'autant qu'ils veulent.* DSH.

FD. Thenopfychites, *difoient que nos ames mouroient comme celle des bêtes.* DGG. de hæref.

FE. Chazinzariens *donnoient dans les erreurs d'Arius & de Neftorius, & de toutes les images ils ne recevoient que celle de la Croix : ce qui donna lieu de les appeller Staurolatres.* DOI. l. 18. c. 54.

FF. Theocatagnoftes *ou* Blafphemateurs, *en ce qu'ils avoient l'audace de reprendre certains faits & paroles en Dieu.* DGG. de hæref.

FG. Ethnophrones *ou* Paganizans, *certains Chrétiens qui adjoutoient foy, non feulement à l'Aftrologie judiciaire, mais encore a toutes fortes d'augures & fortileges* DGG. de hæref.

FH. Parermenentes *ou* Faux interpretes, *interpretoient la fainte Ecriture à leur fantaifie.* DGG. de hæref.

FI. Lampetiansf, *de Lampetius, qui difoit qu'un Chrétien devoit être libre & ne rien faire contre fon gré & fur ce principe il vouloit que dans les Communautez religieufes chacun pût vivre & s'habiller a fa maniere.* DGG. de hæref.

C

tariorum in Cantica.		GA. Ildefonfe f *de Tolede* ⁊ ? m. 67	
FS. Didier f *de Cahors a écrit plu-fieurs lettres.*	M. 60	GB. Julianus Pomerius f *de To-lede a écrit contre les Juifs.* m. 90	D
FT. Theorore i *de Raitu* †	62	GC. Felix f *de Tolede* 93	
FU. Eloy f *de Noyon* ⁊	m. 62		

A

EG. Jean VI. Grec	m. 5	EO. * Estienne II. Rom.	m. 52
EH. Jean VII. Grec	m. 7	¶ *Il y a des autheurs qui ommettent*	
EI. Sisinne d'Antioche	m. 8	*ce Pape, ou le confondent avec ce-*	
EK. Constantin Syrien	m. 14	*luy qui suit, ce qui cause une varieté*	
EL. Gregoire II. Rom.	m. 31	*dans l'ordre.*	
EM. Gregoire III. Syrien	m. 41	EP. Estienne III. Romain	m. 57
EN. Zacharie I. Grec	m. 52	EQ. Paul I. Romain	m. 67

B

Cosme excommunié par les Patriarches d'Antioche & de Jerusalem, pour

B

Estienne IV. *élu* 41.   m. 44

Theophylacte *d'Edesse, homme de grande vertu*   *jusque* 51

b

. . . .

β

Cyrus *exilé par Philippicus*	12	*traby Germain fut traité ignomi-*
Jean VI. *Monothelite.*	d. 14	*nieusement par l'Emp. Copronyme,*
Germain	m. *en exil* 40	*qui le rétabit pourtant dans la*
Anastase Iconomaque *qui avoit*		*suite.* m. 53

FK. Agonyclites, *ne faisoient leurs prieres que debout.* DGG. de hæres.*

FL. Christianocategores, *ou* Accusateurs des Chrêtiens, *idolatroient*
    aprés les Images.

FM. Iconoclastes, Brisimages, *&* Iconomaques, *disoient que le sim-*
    ple culte des Images étoit une idolatrie, & qu'il n'en falloit point souf-
    frir dans les Eglises. ¶ *l'Empereur Leon Isaurique commença cette*
    impieté, que Copronyme son fils & quelques autres continuerent avec la
    derniere opiniâtreté.

C

FN. Aldebert *seduisoit le peuple par une sainteté apparente, & se disoit*
    souverain dans le spirituel; condamnoit les voyages qu'on faisoit à Ro-
    me par un mouvement de devotion, se vantoit de sçavoir les pechez du
    peuple, & disoit que la declaration des pechez n'étoit pas necessaire,
    renvoyant tout le monde absous. DSI.   51

FO. Clement l'Ecossois *rejettoit les saints Canons, les traitez & les ex-*
    positions des Peres de l'Eglise, & judaïsoit, en ce qu'il permettoit aux
    Chrêtiens d'épouser les veuves, de leurs propres freres. Il préchoit con-
    tre la doctrine & la foy des SS. Peres, que Jesus-Christ étant descen-
    du aux Enfers avoit tout délivré jusqu'aux Idolatres mêmes. Ex
Epist. Bonif. ad Zachariam.   DSI.   45

D

GD. Adelme, *ou* Adelhelme, Adelhelme, *ou* Alkelme, *ou* Antelme I *de Schirebourg.* ♒ ? m. 9		GG. Jean Damascene, *dit Man-zur* ‡ .m 50	
GE. Sedulius *Prêtre* ♒ .m 21		GH. Antoine Melisse ♍ △ 50	
GF. Bede, *dit le Venerable,* Moine *Anglois* m. *âgé de cent six ans* △ ☉ ſ 35		GI. Boniface *Anglois ou Ecossois, premier Archevêque de Mayence & Legat du saint Siege. Nicolas Serarius en parle dans sa suite des Archevêques de Mayence.* M. 54	

ER. Etienne IV. Sicilien   m. 72
ES. Adrien I. Romain   m. 95
¶ *Il n'y a point eu de Pape qui ait tenu le Siege plus long temps que celuy-cy aprés S. Pierre.*
ET. Leon III. Rom.   m. l'an 816
¶ *Les neveux d'Adrien son prede-* *cesseur avoient conceu une si grande haine contre luy, qu'ils en vinrent enfin jusqu'à la rage, luy arrachant les yeux & la langue, dont il recouvra l'usage par miracle.* DHM. in vita Leonis III.

A

---

avoir improuvé la tradition des images. DSE.

B

Theodore II.   DSE. 68.   Theodoret   *environ* 87

B

. . . .

b

Constantin II. *Iconomaque*   m. 67
Nicetas *Iconomaque*   m. 80
Paul IV.   m. 84
Terasius   m. l'an 806

¶ *Il n'accepta le Patriarchat qu'à condition qu'on celebreroit un Concile General contre les Heretiques.*

β

FP. Attingans, Paulitiens, *ou* Paulijoannites, *vouloient reduire les Sacremens de Baptême & de l'Eucharistie à ces mots* Ego sum aqua viva, *&* Accipite & bibite. *Ce qui étoit les reduire en paroles d'instruction.* Sand. hær. 132. ex Euthymio. χ CAM. CCN.

FQ. Felix *Evêque d'Urgel &* Elipand *Evêque de Tolede, disoient que Jesus-Christ n'étoit Fils de Dieu que par adoption.* χ CEC.

FR. Albanois, *établissoient deux principes, l'un bon & l'autre mauvais, attribuoient le vieux Testament au dernier. Quant au nouveau Testament ils disoient qu'il venoit d'un bon Principe, & que c'étoit Dieu le Pere de Jesus-Christ qui en étoit l'autheur; ils croyoient la metempsycose ou transmigration des ames; disoient que la chair de Jesus-Christ n'avoit pas été sujette aux penalitez comme celle des autres hommes : ils ne reconnoissoient point le pouvoir de l'Eglise, rejettoient le Sacrement de l'Autel & l'Extréme-Onction.* DSH. verbo Albanenses.

C

GK. Ansbert, *ou pour mieux dire* Ambroise Autpert *Abbé de saint Vincent dans l'Abruzzo, a été placé au neuviéme siecle par Tritheme, Gesner, Simler, Possevin, & le Cardinal Bellarmin, mais mal à propos, comme il est aisé de prouver non seulement pas ses ouvrages dans le livre dixiéme de ses commentaires sur l'Apocalypse, mais encore par la Chronique de saint Vincent de Volterno, dont Duchesne a publié quelques fragments.* Hist. Franc. script. tom. 3. pag. 672. Z m. 71

D

D iiij

core l'oppressiõ de Didier Roy de Lõbardie, assêbla ce Côcile, & apres avoir imploré l'assistance de Dieu fit partir ses troupes divisées en deux corps. 73

Duren, C. *Charlemagne allant faire la guerre aux Saxons qui s'étoient revoltez, assembla deux Conciles à Duren,* l'un 75. & l'autre 79

Vormes, C. *Les Saxons s'étant prevalus de l'absence de Charlemagne, qui étoit allé contre Rotgand en Italie, se revolterent: mais l'Empereur revint en Allemagné, & aprés avoir assemblé ce concile, marcha pour la troisiéme fois contre les rebelles, les mit à leur devoir, & les obligea d'embrasser le Christianisme.* 76

Paderborne, C. *pour établir la foy dans le pays de Saxe.* 77

Lipstad, C. *pour établir des Evêques dans le pays de Saxe.* 80

Paderborne, C. *Le Baptéme de Vitikind ayant mis les affaires de la Religion dans l'état que Charlemagne les souhattoit, il assembla ce Concile, fonda l'Eglise de Minden, & la mit sous la conduite d'Herimbert.* Krantzius in Metrop. Saxon. 86

Calchuta, C. † *touchant la discipline Ecclesiastique, par Gregoire & Theophylacte Legats du S. Siege.* 87

NICE'E, II. General VIII. † ☉. *contre les Iconoclastes.* 87

Ingilenheim, C. *Tassilon convaincu d'une nouvelle perfidie, & d'avoir voulu soutraire les Avariens de l'obeïssance de Charlemagne, alloit être jugé rigoureusement dans cette assemblée, si l'Empereur même n'eût intercedé pour luy, & ne luy eût permis d'entrer dans un Monastere avec Theodon son fils.* Ademar. in vita Carol. & Rhegino. 88

Narbonne, C. † *contre l'heresie de Felix 1 d'Urgel. Ce Concile regle encore les limites du Diocese de Narbonne.* 88

Frioli, C. *touchant le Mystere de la Trinité, l'Incarnation du Verbe, & la Discipline Ecclesiastique.* 91

Ratisbone, C. *contre l'Heresie de Felix [d'Urgel, qui disoit que Jesus-Christ n'étoit Fils de Dieu que par adoption.* 92

Francfort, C. *contre l'heresie de Felix.* ¶ *Le second Canon de ce Concile qui commence,* Allata est in medium quæstio de nova Græcorum Synodo. *a donné lieu de disputer & de former plusieurs opinions tout à fait contraires, dont les heretiques ont tâché de se prevaloir. Ceux qui ont dit que ce Canon, aussi bien que les livres de Charlemagne, qui refusent au septiéme Concile le nom d'Oecumenique, ont été supposez, l'ont dit sans fondement, puisque les anciens manuscrits & la reponse du Pape Adrien à ces mêmes livres de Charlemagne subsistent; & je ne croy pas qu'il faille avoir recours à cette extremité pour justifier la conduite des François. Car étant porté par le Concile de Nicée qu'il falloit retenir les Images & les adorer, ils recevoient le premier point comme ils l'avoient déja défini dans le Concile de Gentilli: mais ils rejettoient l'adoration, interpretant ce mot par celuy de culte divin ou de latrie, qui n'est deû qu'à Dieu, de la maniere que S. Gregoire l'explique l. 7, ep. 2. & 5. en quoy nos Evêques n'étoient point blâmables. Il y a pourtant dequoy s'étonner qu'ils se fussent persuadez que le Concile de Nicée eût entendu par le mot de* προσκυνήσεως, *une adoration de latrie telle qu'on la doit à Dieu, n'ayant voulu signifier par ce terme qu'une veneration du culte relatif: mais les choses ne furent pas plûtôt expliquées qu'on reçut le Concile de Nicée.* C † 94

Rome. ☉. *le Pape qu'on accusoit de plusieurs crimes se justifia solemnellement.* 100

E

A

		EU. Etienne V. Rom. d. 4. m. 17	¶ *Les ennemis du S. Siege pla-*
FA. Paschal I. Rom.	m. 24	*cent icy la fabuleuse Papesse Jean-*
FB. Eugene II. Romain	m. 27	*ne sous le nom de Jean VIII.*
FC. Valentin Rom.	m. 25	*Ceux qui sont tant soit peu versez*
FD. Gregoire IV. Rom.	m. 43	*dans l'histoire connoissent biē que ce*
FE. Sergius II. Romain	m. 47	*n'est que l'ignorance ou la passion*
FF. Leon IV. Romain	m. 55	*qui engage certains autheurs a par-*

ß

Nicephore	m. *en exil* 28	Jean VII. *Iconoclaste*	d. 42
Theodotus *Iconoclaste*	m. 35	Methodius	m. 47
Antoine	*	Ignace *fils de l'Emp Mich. exilé* 58

FS. Claude *de Turin Iconoclaste étoit dans les erreurs de Felix, de Nestorius & des Ariens.*

FT. Theoda . *fausse Prophetesse se vantoit de sçavoir au vray le jour du jugement.* DKQ.

FU. Godescalc *Moine de l'Eglise Metropolitaine de Reims fit un li-vre de ses erreurs, & le presenta à Raban Archevêque de Mayence, qui le condamna : tous les Evêques d'Allemagne en firent de même. Il dogmatisoit touchant les anciennes erreurs des Predestinatiens, & disoit que Jesus-Christ n'étoit mort que pour ceux qui étoient effectivement sauvez. Floard dit dans son histoire de l'Eglise de Reims chap. 12. qu'il étoit dangereux d'avoir des conferences particulieres avec cet heretique, parce qu'il soutenoit impudemmēt qu'on luy avoit dit des choses aus-quelles on n'avoit jamais pensé.*

C

GA. ¶ Jean Scot *Moine de S. Benoît, Frederard, Ratramnus, ou Ber-tramus Moine de Corbie, qui vivoient dans ce siecle, s'étant rendus suspects par les doutes & les questions qu'ils firent touchant la presence réelle du Corps de Jesus-Christ en l'Eucharistie, ont donné sujet à quel-ques autheurs de les mettre au rang des heretiques. Mais je donne vo-lontiers dans le sentiment de Guimoud Evêque d'Averse, de S. Thomas*

D

GL. Paul Diacre ſ	m. 1	GT. Claude ſ *de Turin* ♋ 25
GM. Paulin *Patr. d'Aquilée*	.m 2	GU. Theodore *Studite* Archi-
GN. Alcuin *Anglois* ♃. ♒ .m 4		mandrite .m 32
GO. Usuard ♍ ſ	m. 6	HA. Halitgarius ſ *de Camb.* m. 30
GP. Ludger ſ *de Munster* ſ	m. 9	HB. Dungal *Diacre* † 30
GQ. Amalarius *Fortunatus* m. 14		HC. Amalarius *Diacre de Mets?* 36
GR. Theodulfe ſ *d'Orl.* ♒ .m 21		HD. Hilduin i *de S. Denis* * m. 42
GS. Sedulius *Ecossois* ♉. 18		

ser de cette rêverie, contre laquelle il y a des argumés invincibles dans l'histoire & dans la Chronologie.

FG. Benoît III. Rom.	m. 59	
FH. Nicolas I. Romain.	m. 67	
FI. Adrien II. Rom.	m. 72	
FK. Jean VIII. Rom.	m. 82	
FL Martin I. ou II. Fran. h.	m. 84	
FM Adrien III. Rom.	m. 86	
FN Estienne VI. dit V. Rō.	m. 91	
FO Formose Rom.	m. 96	
FP * Boniface VI. Toscan	m. 96	
FQ. Estienne VII. dit VI. h. M.	100	
FR. Romain de Galese.	m. 100	A

```
 :  :  :  :  :  :  :  :  :  :  :  :  :  :  :
 :  :  :  :  :  :  :  :  :  :  :  :  :  :  :     B

 :  :  :  :  :  :  :  :  :  :  :  :  :  :  :
 :  :  :  :  :  :  :  :  :  :  :  :  :  :  :     D

 :  :  :  :  :  :  :  :  :  :  :  :  :  :  :
 :  :  :  :  :  :  :  :  :  :  :  :  :  :  :     b
```

Photius *laïc eunuque condāné par le Pape Nicolas.* d. 86
Estienne *fils de l'Emp. Basile.* m. 88
Antoine *surnommé Cau'dée.* m. 90
Nicolas *surnommé Mysti ne d. par l'Empereur Leon VI.* 901

& de Bellarmin qui rejettent le premier scandale de cette heresie sur Berenger. DSC. 3. p. quæst. 75. a. 1. *Ceux qui voudront s'éclaircir à fond de cette matiere & sçavoir quel jugement on doit faire des livres qu'on attribuë à ces autheurs, pourront lire* Acta SS. Ord. S. Bened. in præfat. sæcul. IV. Parif. Billaine 1680.

Photius h. *auteur du schisme des Grecs, aprés avoir usurpé le Siege de Constantinople, & pris le titre d'Evêque œcumentque, n'oublia rien pour s'élever au dessus des Papes & renverser l'ordre hierarchique.*

Les erreurs qui ont suivi le schisme & qui ont rendu la reünion si difficile sont comprises dans ce siecle & dans celui qui suit.

I. *Ils disent que le saint Esprit ne procede point du Fils.*

II. *Que le pouvoir du Pape n'est pas plus étendu que celuy des Patriarches Grecs, & que tout ce que les Latins font sans leur participation est nul.*

III. *Que l'Eucharistie consacrée par l'Eglise Latine n'est pas le corps de Jesus-Christ, parce qu'elle n'est pas faite de pain azime.*

IV. *Que l'Eglise Romaine erre dans la forme du Battême.*

V. *Qu'il n'y a point de Purgatoire, & que les suffrages des vivans ne servent que pour les ames qui sont en enfer.*

C

HE. Jonas f *d'Orleans* ‡ . m. 42	HN. Nicetas David.	50
HF. Eginhart i *de Selinest.* [m. 43	HO. Hincmar f *de Reims.*	
HG. Freculfe f *de Lisieux.* ô . m 50	HP. Aimoin ⅢⱣ *de S. Germain lez Paris* ≈ [	92
HH. Euloge. ? M. 59	HQ. Abbon ⅢⱣ *de S. Germain lez Paris* ≈	92
HI. Valafridus *Strabo* ⅢⱣ m. 59	HR. Reginon ⅢⱣ *de Prum:* ô [	92
HK. Drutmar *ex Labeo.* 66	HS. Raban z? f *de Mayence* . m 56	
HL. Adon f *de Vienne* ô m. 74		D
HM. Anastase *le Bibliot.* (ô m. 74		

E ij

A	FS. Theodore II. Rom. m. 1	GE. Landon, Sabin h. m. 12
	FT. Jean IX. Rom. m. 5	GF. Jean X. Romain m. 28
	FU. Benoît IV. Rom. m. 7	GG. Leon VI. Romain m. 29
	GA. Leon V. d'Ardea m. 7	GH. Estienne VIII. *dit* VII. Romain. m. 31
	GB. Christofle, Rom. m. 8	GI. Jean XI. Romain. m. 36
	GC. Sergius III. Rom. m. 10	GK. Leon VII. Romain. m. 39
	GD. Anastase III. Rom. m. 12	

B

B

b

β

Euthymius *exilé*   11
Nicolas *qui avoit été d. revist* m. 30
Estienne II.   m 33

Theophylacte *fils de l'Emp. Rom. âgé de 16 ans sous l'administration de Triphon.* h. M. *l'an* 56

C

VI. *Qu'il y a des ames errantes dans le monde dont la peine & la recompense sont differées jusqu'au jour du jugement.*

VII. *Que les secondes nopces ne sont point un mariage.*

VIII. *Que l'usure n'est point un peché mortel.*

IX. *Que le divorce doit être libre.*

X. *Ils condamnent l'Eglise Romain en ce qu'elle se sert d'eau froide dans le sacrifice.*

XI. *Les Seigneurs temporels vendent les Prelatures, & les Prelats les Ordres sacrez.*

XII. *Ils veulent que les restes du pain levé dont ils font l'Eucharistie, soient encore le corps de Jesus-Christ & tiennent lieu de sacrifice.*

XIII. *Ils n'admettent point le Sacrement de Confirmation, & quant à celuy de l'Extreme-Onction, ils disent que l'Apôtre S. Jacques a parlé de l'infirmité du peché, & non de celle du corps.*

XIV. *Les Confesseurs n'enjoignent point d'autre satisfaction pour le vol & le larcin, que d'aller trouver sept Prêtres, lesquels font quelques onctions avec de l'huile, & vendent l'absolution.*

XV. *Ils desechent au Soleil l'Eucharistie qu'ils ont fait le jour de la Cene de Nôtre Seigneur, assurant qu'elle doit être d'une plus grande effica-*

D	HT. Leon *Empereur.* ☉ m. 11	IA. Odo, *ou* Eudes de Cluny. m. 42
	HU. Radulfe III *de S. Germer de Flaix & non de Fulde, comme plusieurs autheurs ont écrit.* z. 10	IB. Simeon Metaphraste [.m 50 Bolland. præf. gen. in vitas SS.
	Alberic Moine de Cisteaux ne le met qu'au 12. *siecle environ l'an* 1157	IC. Floard *Chan. de Reims* [m. 66
	V Diss. Philolog. P. Labe Parif. Cramoisy. 1660.	ID. Luitprand, *que Tritheme apelle* Eutrand, *Secretaire de Berenger II. Roy d'Italie, fut Evêque de Cremone* [70

GL. Estienne IX. *dit* VIII. Alle-mand m. 43	GR. Domnus II. Rom. m. 72
GM. Martin II. Romain. m. 46	GS. Benoît VI. *dit* VII. m. 74
GN. Agapet II. Romain. m. 55	GT. Benoît VII Rom. m. 84
GO. Jean XII. Rom. h. m. 64	GU. Jean XIV. de Pavie. m. 85
GP. Benoît V. m. *en Allem.* **	HA. Jean XV. Romain. m. 96
GQ. Jean XIII. Rom. m. 72	HB. Gregoire V. Saxon. m. 99

A

B

B

b

Polieucte *Moine.* m. 70	Nicolas Chrysobergue. m. 95
Basile *Moine*, d. 75	Sisinne. m. 99
Antoine Studite. q. 91	Sergius *de la race de Phot. tint le S. 20. ans.*

β

cité, & ne jeûnent jamais le Samedy si ce n'est la veille de Pâques.

XVI. *Ils ne reconnoissent que ces cinq Ordres, Lecteurs, Soudiacres, Diacres , Prêtres & Evêques.*

XVII. *Ils excommunient tous les ans l'Eglise Romaine.*

XVIII. *Ils ne permettent point aux Latins de sacrifier sur leurs Autels, témoignent de l'abomination pour leur Sacrifice , & disent qu'il n'est pas permis de dire plus d'une Messe en un jour sur le même Autel.*

XIX. *Ils disent que la fornication n'est pas un peché mortel. Que le mensonge & le parjure sont permis contre un ennemy.*

XX. *Que c'est un peché mortel de manger des viandes suffoquées , & de se faire raser la barbe.*

XXI. *Ceux qui battent les Ecclesiastiques n'encourent point d'excommunication.*

¶ *Ils ont encore plusieurs autres erreurs qu'on peut voir dans Pratéolus , & le Continuateur des Annales de Baronius an. 1438. Il suffit de remarquer en cet endroit que les Grecs ont paru si volages dans leur creance, qu'ils se sont quatorze fois reünis à l'Eglise & separez autant de fois.*

C

IE. Vitikind ♏ de Corbie. 73	autres d'Alexandrie. On ne sçait précisément en quel tems il a vécu.
IF. Smaragdus i de S. Miel. z. ?	
¶ *Smaragdus ou Adon* ♏ *a vécu dans le 9. Siecle.*	¶ *Olympiodorus Thabæus dont Photius a mis quelques fragmens dans sa Bibliotheque, doit être placé dans le cinquième siecle.*
IG. Olympiodorus z *	
¶ *Il y a des autheurs qui disent qu'il étoit Moine , d'autres qu'il étoit Diacre de Constantinople, quelques*	

D

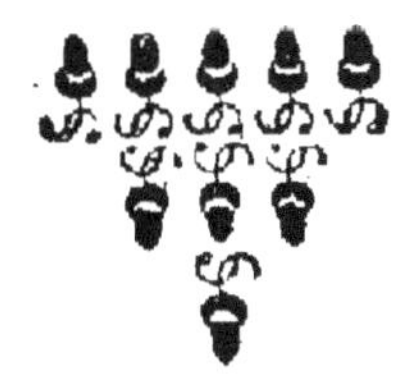

A	HC. Sylvestre II. Gascon m. 3	HH. Jean XX. de Tuscule m. 33
	HD. Jean XVI. *dit* XVIII. Romain m. 3	HI. Benoît IX. de Tuscule q. 44
	HE. Jean XVII. *ou* XIX. m. 9	HK. Gregoire VI. Rom. q. 46
	HF. Sergius IV. Rom. m. 12	HL. Clement II. Saxon m. 47
	HG. Benoît VIII. de Tusc. m. 24	HM. Damase II. Bavarois m. 48

B

B

b

β	Eustathius m. 25	Michel *surnom. Cerularius* d. 58
	Alexis m. 43	Constantin *surnom. Licudex* m. 66

C

GB. Berenger *Archidiacre d'Angers, chef des Sacramentaires, soupçonné de magie, se mit à dogmatiser sur le sujet de l'Eucharistie. Ses premieres erreurs ont été suivies par les Zuingliens & les Calvinistes; & les dernieres par les Lutheriens. Il disoit de plus que le Baptéme n'étoit profitable qu'aux adultes.* DKD. & Polyd. Angl. hist. l. ix.

GC. Heribert *&* Lisoius, *tâcherent de renouveller en France l'heresie des Manichéens.* DSI 17

GD. Les Simoniaques *qui s'étoient mis sous la protection de l'Antipape Guibert, vendoient les Prelatures & les autres benefices.* DSI 47

GE. Les Reordinaus, *ne vouloient point recevoir dans l'Eglise les simoniaques repentans, qu'au préalable ils n'eussent été réordonnez.* DSI 52

GF. Michel Cerularius *étoit dans les erreurs des Simoniaques, Valesiens, Ariens, Donatistes, Nicolaïtes, Severiens, Pneumatomaques, Manichéens, Nazaréens.* DSI 54

GG. Les nouveaux Nicolaïtes. *C'étoient quelques Ecclesiastiques de*

D	IH. Abbon i *de S. Benoît sur Loire, ou de Fleury* [M. 4	IP. Odile i *de Cluny, instituteur de de la fête de Morts* ♏ .m 49
	II. Aimoin ♍ *de Fleury* [♏ 5	IQ. Hermannus Cont. ♍ ☊ m. 54
	IK. Burcard ſ *de Vormes* ♒ m. 26	IR. Leon IX. Pape ♏ m. 54
	IL. Fulbert ſ *de Chartres* ♌ .m 28	IS. Humbert ⚰ ✝ m. 59
	IM Glaber Radulfe ♍ [45	IT. Adelmā ✝ *contre Bereng.* m. 61
	IN. Bernon i *de Rickbour?* m. 45	IU. Samüel Marochianus *Juif converti* z *du veritable Messie.* 70
	IO. Brunon ſ *de Virtzb.* ♏ m. 45	

HN. Leon IX. d'Alsace	m. 54	HR. Alexandre II. Milan.	m. 73
HO. Victor II. de Souabe	m. 57	HS. Gregoire VII. de Savo.	m. 85
HP. Etienne X. Lorrain	m. 58	HT. Victor III. de Benev.	m. 87
HQ. Nicolas II. Florentin	m. 61	HU. Urbain II. François	m. 99

Jean VIII. *dit Xyphilin.*	m. 80	Enstratius *surn. Garides.* m. 85
Cosme *Jerosolymitain.*	m. 86	Nicolas III. *surn. le Gram.* m. 1117

Milan, qui soûtenoient que la compagnie des femmes étoit licite aux Prêtres. DSI.   59

GH. Incestueus, *abusez par certains Jurisconsultes, soûtenoient que le mariage étoit licite au quatriéme degré de consanguinité.* DSI.   65

GI. Veciliens, *sectateurs de Vecilon Evéque intrus de Mayence, soûtenoient que ceux qui avoient été dépoüillez de leurs biens n'étoient plus sujets au jugement des Evéques.*

GK. Roscelin, *disoit que les trois personnes de la Trinité s'étoient incarnées, & que le Fils n'avoit pû s'incarner tout seul à cause de l'unité d'essence en trois personnes divines* DSI.   94

¶ *S. Anselme étant encore Abbé du Bec Heloüin écrivit un livre de l'Incarnation du Verbe contre cet heretique, qui ayant été condamné par un Concile de Soissons, fit semblant de renoncer à son erreur, la renouvella quelque temps aprés, disant que ce qu'il en avoit fait n'étoit que par crainte. Ce qui obligea Ives Evéque de Chartres de luy écrire une lettre, qui a pour titre:* Ivo Dei gratia Carnotensium humilis Episcopus, Roscelino, Non plus sapere quam oportet sapere, sed sapere ad sobrietatem. DKR. Ep. 7.

KA. Pierre de Damian *z* ?	m. 72	KF. Jean Scylitzes ſ	m. 81
KB. Lambert *m d'Hirsfeld* ǀ	77	KG. Marianus Scotus ſ ô	m. 86
KC. Theophylacte f *d'Acride en Bulgarie.* z	78	KH. Lancfranc f *de Cant.* ┼	m. 89
KD. Guimond ſ *d'Averse* ┼	80	KI. Bertold *Pr. de Constance* ſ	100
KE. Adam *Chan. de Breme* ſ	80	KK. Radulfus Ardens ſ z	100

A

IA. Paschal II. Toscan	m. 17		IF. Celestin II. Toscan	m. 44
IB. Gelase II. de Caiette	m. 19		IG. Lucius II. de Bologne	m. 45
IC. Calixte II. Bourguign.	m. 24		IH. Eugene III. de Pise	m. 53
ID. Honorius II. d'Imola	m. 30		II. Anastase IV. Rom.	m. 55
IE. Innocent II. Romain	m. 43		IK. Adrien IV. Anglois	m. 59

B

: : : : : : : : : : : : : : :

B

Bernard	*depuis* 10. *jusque* 36	Radulfe Mamestan	d. m. 43

b

Daibert *chassé par*		Guarimond	m. 28
Ebremar *qui fut déposé.*		Etienne *Abbé de S. Jean de Char-*	
Gibelin	m. 12	*tret*	m. 30

β

Theodore.		Leon Styppiote	m. 43
Neophyte.	} *Baronius an.* 1117	Arsenius.	*
Constantin.	}	Michel Oxita	q. 46
Luc Chrysoberge.		Cosme II.	m. 47

C

GL. Durand de Valdach, *disoit que le mariage n'étoit qu'une paillardi-*
se déguisée. DSH.

GM. Marsilius *de Padouë se declara contre le Pape & la subordination*
de l'Eglise. DSH.

GN. Bongomiles. *Basile Medecin étoit leur chef: ils nioient la sainte Tri-*
nité & donnoient dans les erreurs des Ebionites. DSI.   18

GO. Petrobrussiens. *de Pierre de Bruys qui disoit que le Baptême étoit*
inutile aux petits enfans, qui n'ont point l'usage de discretion; nioit la
realité du Corps de Jesu-Christ dans l'Eucharistie & improuvoit les
aumônes & les prieres pour les morts DSI.   26

GP. Abaillard, *soûtenoit une doctrine mélée de celle des Ariens, Nesto-*
riens & Pelagiens, à laquelle il adjoûtoit plusieurs autres extravagan-
ces de son chef; entre autres de ne rien croire que ce que nôtre entende-
ment pourroit comprendre par le raisonnement. DLK *de error. Abail.* 14

GQ. Tandemius *ou* Tanchelin, *contre les ordres sacrez & l'Eucharistie.*

GR. Arnoldistes, *leur chef étoit Arnauld de Bresse qui suivoit les opi-*
nions d'Abaillard. DSI.   55

GS Henriciens, *leur chef étoit un Moine de Toulouse appellé Henry.*

GT. Faux Apostoliques, *ils improuvoient le Mariage, le Baptême, le*

D

KL. Bruno II *des Chartr.* 7.?7 m. 1		KT. Euthymius Zigabenus z 18	
KM. Anselme f *de Cantorb.* z î m. 9		KU. Zonare III' *de S Bas.* z ♌ ô 20	
KN. Berengosius i 7. ? 10		LA. Bruno f *de Segni* * m. 25	
KO. Leo Marsicanus ♎ ô 15		LB. Etienne f *d'Autun* ∆ m. 30	
KP. Eude f *de Cambray* ♉ m. 13		LC. Honorius Shcolastic. z ? ⊥ 30	
KQ Sigeberr ♍ *de Gembl.* ô f 13		LD. Gaufridus ♎ *de S. Pris.* 7. m. 30	
KR. Ives f *de Chartres* ♌ 7 ô m. 15		LE. Hildeb. *de Lavar.* f *de T.?* m. 32	
KS. Anselme *de Lân* z ⊥ m. 17		LF. Rupert i *de Deutsch* z m. 35	

IL. Alexandre III. de Siene m. 81	IP. Clement III. Rom. m. 91	
IM. Lucius III. de Lucquesm 85	IQ. Celestin III. Rom. m. 98	
IN. Urbain III. Milanois m. 87	IR. Innocèt III. d'Anag. m. 1216	A
IO. Greg. VIII. de Benev. m. 87		

: : : : : : : : : : : : : : : :		B

Aimeric *Limosin.* m. 87	Radulfe II. *Limosin.*	B

Guillaume *Flamand.* m. 46	Amalric. m. 80	
Fulcherus. m. 59	Heraclius.	b

¶ *Les Grecs schismatiques ne reconnoissoient point ces Patriarches Latins.*

Chariton. m. 48	Basile Camatere. d. 86	β
LucChrysoberge *tint unSynod.*66	Nicetas Mundanus. d. 93	
Michel Anchialus. Φ	Dosithée. d.	
Theodose.	George Xiphilin. 93	

Purgatoire , l'invocation des Saints. DLK. serm. LXVI.   47

GU. Patareans, *ou* Patarins, Cathares, Publicains. CGM. CGS.

HA. Baruliens, *disoient que nos ames étoient aussi anciennes que le monde ; que Jesus-Christ n'avoit pas pris son corps de la Vierge , & qu'il avoit un corps celeste.* Sand. Hæres. CXLIX.

HB. Vaudois, *ou* Pauvres de Lyon, *leur heresie étoit un assemblage de toutes les erreurs de ce siecle ; les principaux d'entre eux distinguez par une marque qu'ils mettoient sur leurs souliers s'appelloient ensabattez.* DSH. verb. Valdenses & Insabbatati.

HC. Albigeois, *établissoient deux principes l'un bon & l'autre mauvais, tenoient la transmigration des ames, nioient la resurrection, & l'Eucharistie; rejettoient le Baptême ; disoient que Dieu agissoit par une necessité de sa nature; qu'il n'étoit pas autheur de tous les biens; qu'il n'étoit pas un être purement simple ; que le Diable avoit creé tous les corps ; & qu'il y avoit quelque chose qui n'étoit ny le createur, ny la creature;* Prateolus , verbo Albigenses.

LG. Hugues *de S. Victor* ? m. 40	LP. Arnold i *de Boneval.* ? 65	
LH. George Cedrenus ♏ ſ 50	LQ. Theorian ſ 70	
LI. Gratian ♏ ♎ , m 51	TR. Richard *de S. Victor* z m. 73	
LK. Bernard II i z ? m. 53	LS. Hugues Etherian ⊥ 77	D
LL. Pierre le Ven. i *de Cluny.* m. 57	LT. Eckbert i *de Schongauv.* ⊥ 80	
LM. Radulfe III *de Flaix* ℞. 57	LU. Arnulfe ſ *de Lizieux* z m. 82	
LN. Othon ſ *de Frisingh.* ſ ô m. 58	MA. Godefroy *de Viterbe* ô ſ 85	
LO. Pierre Löb. ſ *de Paris* ∆ m. 64	MB. Pierre le Mangeur ∆ m. 98	

F iiij

A			
IS. Honorius III. Rom.	m. 27	KD. Clément IV. de S. Gilles sur le Rhône.	m. 68
IT. Gregoire IX. d'Anag.	m. 41	KE. Gregoire X de Plaif.	m. 76
IU. Celeftin IV. Milanois	m. 41	KF. Innocent V. Lomb.	m. 76
KA. Innocent IV. Genois	m. 54	KG. Adrien V. de Genes	m. 76
KB. Alexandre IV. d'Anag.	m. 61	KH. Jean XXI. Portugais	M. 77
KC. Urbain IV. de Troyes	m. 64		

B   . . . .

B	Theodore Balfamon. Genebr. & Lab.	m. 3	Raynerius *de Lucques*, pendant vingt ans.

b	Albert. Rodulfe.	Gerold. Robert f *de Nantes.*	m. 47

Jean XI. Camatere.	5		Manuel.	5	
Michel IV.	5	ans	Germain II.	17	
Theodore III.	2		Methodius II.		ans.
Maxime II.	5		Manuel II.	4	

C

HD. Amauri, *difoit que fi Adam n'eût point peché il n'y auroit point eu de diftinction de fexe. Que les bien heureux ne voyoient pas Dieu en luy méme, mais en fes creatures. Il nioit la refurrection & la tranfub-ftantiation* Cafarius libro Dialogorum. dift. 5

HL. David de Dinan, *adjoutoit à ces erreurs, que Dieu étoit la matiere premiere, & ainfi faifoit paffer le Createur pour une partie de la crea-ture.* Cafarius dialog. 5.

HF. Guillaume de S. Amour, *étoit ennemy des Ordres Mandians, & difoit que la pauvreté habituelle étoit licite, mais non l'actuelle. Il fut condamné par Alexandre IV.* per Bullam quæ incipit, Romanus Pontifex. Prateolus verbo Guilhelmus   50

HG. Didier Lombard, *fuivoit les erreurs de Guillaume de S. Amour.*

HH. Flagellans, *faifoient confifter les principaux myfteres du Chriftianif-me à fe fouetter, & difoient que le Baptéme d'eau avoit été changé en celuy du fang, & qu'il falloit fe baptifer du fang qu'on tiroit de fon corps à coups de fouet; preferant la flagellation au martyre,*

HI. Gerard Sagarel *chef des faux Apôtres, brûlé pour fes erreurs, blâmoit les vœux, préchoit que le mariage pouvoit être diffoult quand on vouloit embraffer fa fecte: qu'il ne falloit rien garder pour le len-*

D					
MC. Joachim i *de Flora.*	♌	.m 1	ML. Antoine *de Pad.* ♌ ♑ ?	m. 31
MD. Theodore Balf *fchifm.* ♒	.m 3	MM. Edmond f *de Cant.* ?	m. 40
ME. Nicetas Acominatus. (	4	MN. Conrad *de Lichtenav* ♈	m. 40
MF. Guillaume le Petit ? (	.m 8	MO. Jac. de Vitri. ♎ (	m. 44
MG. Helinand ? ♏	12	MP. Alex. de Halez ♌ ♑ △	m. 45
MH. Guill. de Selign. f. *de P.* △	m. 23	MQ. Guill. *de Paris* ♈ ♀ △	m. 48
MI. Frâcois *d'Affife* ♊ ♌ ?	m. 26	MR. Vincent *de Beauv.* ♀ ♃	m. 64
MX. Gontier (♏	30	MS. Robert de Sorbonne ♊ ?	53

KI. Nicolas III. Rom. m. 80	KO. Boniface VIII. d'Anagnie. m. 1303.	A
KK. Martin IV. de Tours m. 85	¶ *Ce Pape excita de grands trou-*	
KL. Honorius IV. Rom. m. 89	*bles en Italie, excommunia Phi-*	
KM. Nicolas IV. d'Aſcoli m. 92	*lippe Roy de France, qui ſe ven-*	
KN. Celeſtin V. de Serni	*gea de cette excommunication.*	
¶ *Il ſucceda & renonça la même*		
année. 94		

B

. . . .

Elie Robert ſ *de Riez.* m. 47	Chreſtien *Religieux de S. Domi-*	B
† Albert.	*nique.* M. 68	

Jacques *créé Pape.* 61	Thomas Agni ⚥. m. 72	Nicolas de An-	b
Guillaume ſ *d'Agen.*	Nicol. de Anapis ⚥. m. 9(	cinis. ⚥.	

Arſene.	2 ⎫	Jean X.	9 ⎫	B
Nicephore.	8 ⎬ ans.	Gregoire.	6 ⎬ ans.	
Germain III.	1 ⎭	Athanaſe.	4 ⎭	
Joſeph ſurnommé *Becus.* 9		Jean II.	9	

demain, que les Apôtres l'avoient ainſi pratiqué ; qu'il ne ſaloit point payer la diſme, que les Egliſes etoient inutiles, ne voulant dépendre que de Jeſus-Chriſt immediatement. Alf. de Caſtro, in verbis nuptiæ, decimæ, templum, Eccleſia. 96

¶ *Ceux qui mettent Raymond Lulle au rang des heretiques diſent non ſeulement qu'il eſt autheur du livre de l'invocation des demons : mais encore qu'il a ſoûtenu que Dieu a pluſieurs eſſences ; que Dieu le Pere a été avant que le Fils fût ; que le S. Eſprit a été conceu du Pere & du Fils, & que l'eſſence de Dieu n'étant point oyſive, eſſente toûjours.* Nicol. Eymericus. Abraham Bzoviuſan. 1432. Prateolus.

Ceux qui défendent ſa doctrine diſent au contraire que les livres d'où l'on a pris ces erreurs luy ont été ſuppoſez, & que c'eſt mal à propos qu'on le confond avec un autre Raymond Lulle dit Tarraga, dont les livres ont été condamnez & brûlez ſous Gregoire XI. l'an 1372. cinquante-ſept ans après la mort de Raymond Lulle de Majorque qu'ils honorent du titre de Martyr. Franciſcus Penna. in not. ad direct. Eymerici parte 2. ad quæſt. 20. & 27. teſte Theophylo Raynaudo de Bonis ac malis libris Erotemate X. tom. XI.

C

MT. Mathieu Paris ♍ [m. 59	NG. Mart. Pol. ⚥ ſ *de Gueſ* ⚹ m 79
MU. Hug. de S. Cher. ⚥. ♎ 2 m. 60	NH. Albert le Grand ☿ ♃ ♌ m. 80
NA. Thomas *de Brab.* ⚥. ? m 63	NI. Udalric *d'Argentina* ⚥. ♌ 80
NB. Henry ♎ ſ *d'Oſtie.* .m 67	NK Henry de Gand △ m. 93
NC. Thomas d'Aq. ⚥. △ ⚹ ? m. 74	NL. Guill. Durand ſ *de Mande* ♑ m. 96. Ex Ital. ſac. Ferd. Ugbelli.
ND Bonaventure ♋ ♎ △ m. 74	NM. Gui de Bayſe ♑ 100
NE. Manuel Caleca ⚥. † 74	NN. Rich. *de Media Villa.* .m 100
NF. Raymond *de Penn.* ⚥ ♌ â 79	

D

IR   Londres, C. *pour reformer l'Eglise Anglicane.*   2

Ecolle, C. *touchant l'observation du Dimanche.*   3

Rome, ☉. *l'Empereur Otton fut déposé.*   10

Lavaur, C. † *contre Pierre Roy d'Arragon qui protegeoit le Comte de Toulouse contre l'Eglise.*   13

Muret, C. † *par les Evêques de la province de Languedoc, pour tâcher d'appaiser le Roy d'Arragon, qui s'étoit joint avec les Albigeois ennemis jurez de l'eglise.* Petrus Vallissarnensis hist. Albig. c. LXXIII. 13

Londres, C. † *Jean Roy d'Angleterre fut absous, & l'interdiction levée.*   14

Montpellier, C. † *Simon de Montfort y fut declaré Comte des terres dont il avoit chassé les Albigeois.*   15

LATRAN IV. General. XII. † ☉. *contre les Albigeois, Amauri, & l'Abbé Joachim; & pour le recouvrement de la Terre Sainte.*   15

IS   Oxford, C. *par Etienne f de Cantorbie pour la reformation de l'Eglise Anglicane. Un homme qui se disoit le Christ, & commençoit d'abuser de la simplicité des gens, fut crucifié par sentence de ce Concile.*   22

Allemagne, C. † *contre les Clercs simoniaques & concubinaires.* 25

Vvestminster, C. † *où le Pape fit demander a l'Eglise d'Angleterre le revenu de deux pretendes dans chaque Cathedrale, & deux portions dans chaque Abbaye, sçavoir une sur le revenu des Moynes, & une autre sur celuy de l'Abbé.* Ex Matth. Paris.   26

Narbone, C † *contre ceux qui méprisoient le pouvoir de l'Eglise, & principalement contre Raymond Comte de Toulouse.* Ex ultima Concil. edit. an.   27

IT   Rome, ☉. *l'Empereur Frederic fut excommunié.* In Cœna Domini 28

Paris, C. † *Raymond Comte de Toulouse excommunié se reconcilia avec l'Eglise le jour du Vendredy Saint.* Ductus nudus in camisia & braccis, & nudis pedibus ad altare. Ex Chronic. Guillelm. de Podio Laurentii.   28

Toulouse, C. † *contre les heretiques, & pour la discipline Ecclesiastique.*   28

Tarazona, C. † *le mariage de Jacques Roy d'Arragon & de Leonor fut dissout, & nonobstant la dissolution Alfonse procreé de ce mariage fut declaré legitime successeur de la Couronne.* Spondanus.   29

Chéreau-Gontier, C. *pour la discipline Ecclesiastique.*   29

¶ *Les Evêques de la province de Reims s'assemblerent à S. Quentin, à Noyon & à Lân, pour appuyer la cause de Milon Evêque de Beauvais, qui se plaignoit de ce que la Justice & la Jurisdiction de la ville de Beauvais luy appartenant, le Roy de France, ou plutôt ses Ministres avoient empieté sur ses droits.*   30, & 31.

Rome, C. *pour l'expedition de la Terre Sainte.*   31

Narbone, C. † *les Archevêques de Narbone, d'Arles & d'Aix assemblerent leurs Suffragans par ordre du S. Siege, & prescrivirent aux Religieux de S. Dominique Inquisiteurs de la foy dans ces Provinces, ce qu'ils jugerent à propos pour l'extirpation de l'heresie:* Non ut aliis formis seu regulis, quam Sedis Apostolicæ corctarent, sed ut eorum devotionem consiliis adjuvarent.   34

Londres, C. † *pour reformer l'Eglise d'Angleterre.*   35

Cognac, C. *par Gerard f de Bourdeaux pour la discipl. Ecclesiast.* 37   38

A

KP. Benoît X. IX. ou XI. .

KQ. Clement V. Gaſcon, *Archevêque de Bourdeaux, transporta le*   m. 4
Siege de Rome à Avignon, où ſes ſucceſſeurs le tinrent plus de ſoixan-
te & dix ans. Il fit le recueil de ces Conſtitutions qui portent le nom de
Clementines, & qui furent publiées au Concile de Vienné.   m. 14

E

: : : : : : : : : : :   Guillaume de Chenac *Limoſin*
: : : : : : : : : : :   *Evêque de Paris.*   48

B

: : : : : : : : : : :   Iſnardus *Rel. de l'Ordre de S. Do-*
: : : : : : : : : : :   *minique.*   25

b

Radulfe *Bourguignon* ♃.   m. 4   Pierre de Flanaſ de Rodez.   18
Antoine Beek *Anglois.*   m. 11

3

Niphon.   3   Iſaïe.   m. 31   ¶ *Gochus de*
Jean XII.   4 } *ans.*   Jean XIII.   *Ariminis Pa-*
Geraſim.   1   Caliſte. 12. *ans.*   *triarch. Lat.*

C

HK. Fraticelles, *ou Biſochz, ſous la conduite d'Herman Italien, di-*
ſoient que les femmes devoient être communes, & pour cet effet ils les
attiroient dans des cachots, où ils ſe mêloient indifferemment avec les
premieres qu'ils rencontroient. DSH.

HL. Beguars, Beguins, & Beguines, *profeſſoient une vie Monaſtique,*
& diſoient que l'homme pouvoit acquerir en cette vie une beatitude auſſi
parfaite que celle des Saints. Ils tenoient que c'étoit un peché mortel de
baiſer une femme, & cependant ils excuſoient l'aſte charnel par la
chaleur de la concupiſcence. De hæreticis. ad noſtrum in Clem.

HM. Dulciniſtes, *cohabitoient brutalement ſous pretexte de charité.* Sand.

HN. Templiers. *Cet Ordre de Chevalerie fut ſupprimé par le Concile de*
Vienne. Le Grand-Maitre Jacques de Molay qui fut brûlé tout
vif à Paris l'an 1313. proteſta devant Dieu de ſon innocence &
de celle de ſes Confreres. ¶ *On les accuſoit d'avoir renié Jeſus-*
Chriſt, d'avoir trahy la Chrétienté. d'adorer une idole revêtuë de la
peau d'un homme, de rôtir des enfans, & de frotter cette idole de la
liqueur qui en provenoit. Ces crimes furent revelez par le Prieur de
Montfaucon de la province de Toluſe, & par Naſſe-Dei Florentin.
Hiſt. de la condamnation des Templiers par M Du Puy.

D

NO. Henry Stero ♍ {   1   OA Barlaam de Seminaria. △ 20
NP. Evrard *Archid. de Ratisb.* { 5   OB. Jean Baſſolis ♀ △ ●   22
NQ. Jean Duns *dit Scot* ♀ ☉ m. 8   OC. Hervæus Natalis. ♃.   m. 23
NR. Raymond Lulle. ♋ ☉ M. 15   OD. Fr. Mayronis. ♀ △   m. 25
NS. Gilles de Columne ſ *de Bour-*   OE. Aug. Triumphus ♉ ♌ ? m. 28
   ges ♉ △   m. 16   OF. Gui de Perpig. ſ *d'Elne.* ♊ + 30
NT. Anton. Andreas ♀ △ m. 20   OG. Aſteſanus. ♀ â   m. 30
NU. P. Aureolⁱ ♀ ſ *d'Aix.* △ m. 32   OH. Ludolfe *Chartreux.* ♏   30

¶ *Le Siege vaqua deux ans &*
trois mois.
KR. Jean XXII. de Cahors m. 33
¶ *Il fit les Constitutions qu'on ap-*
pelle Extravagantes.
KS. Benoît XI. ou XII. Tol. m. 42
KT. Clement VI. Limosin m. 52

KU. Innocent VI. Limosin m. 62
LA. Urbain V. Limosin m. 70
LB. Gregoire XI. Limosin m. 78
LC. Urbain VI. Napolitain m. 89
LD. Boniface IX. Neapol. m. 1404

A

Humbert *Patriarche d'Alexan-*
drie. m. 1356

Simon de Cramau *Patriarche*
d'Alexandrie.

B

: : : : : : : : : :
: : : : : : : : : :

Jean de Vico *Napolitain.* ♃ 97

B

Petrus de Casa. ⚹ m. 30
Pierre de la Palu ♃. m. 42

Guillelmus Militis ♃. m. 93

b

Philotée. 13
Macaire. 2 } ans.
Nilus. 8

Antoine I 8. ans.
Angelus Corarius *Latin a même*
temps qu'Antoine.

β

HO. Barlaam & Acindynus, *confondoient les effets creez de Dieu avec*
sa substance incréé. USH.

HP. Michel de Cesena & Guillaume Okam, *excommuniez par Jean*
XX. ou XXII. pour avoir dit que Jesus-Christ & ses disciples n'avoient
rien eu soit en commun, soit en particulier.

HQ. Lolhard Valter, *étoit dans les erreurs des Petrobrussiens, Henri-*
ciens, Vaudois & Albigeois, & tenoit le parti des mauvais Anges
contre les bons. DSE in Jo. XXII.

HR. Jean de Poliac, *disoit que les Confessions faites à tout autre Prêtre*
qu'a son Curé étoient nulles, condamné par Jean XXII. DSH.

HT. M. Pierre du Cugnet, *qui plaida contre la jurisdiction & liberté de*
l'Eglise en presence du Roy Philippe de Valois. Til. in Chron. an. 29

HU. Richard Armacan, *disoit qu'un simple Prêtre pouvoit faire les fon-*
ctions Episcopales. DSH.

IA. Barthelemy Janovez, *determinoit la renuë de l'Antechrist & ce*
qui se passeroit alors. DSH.

IB. Turelupins & Cyniques, *condamnez & brûlez sous Greg XI. 72*
Ils n'avoient honte d'aucune sorte de nudité, disoient qu'il ne falloit
prier Dieu que de cœur. Sand. h. CLXVIII.

OI. Nicephore Calixte (33
OK. Durad de S. Porlin ♃. △ m. 33
OL. Nicolas de Lyra. ♌ z m. 40
OM. Lupoldus Bamberg ♎ m. 40
ON. Alvare Pelage (de Selva ? 40
OO. Pierre de la Palu ♃ b. △ m. 42
OP. Nicephore Gregoras. (m. 45
OQ. Guill. Okam. ♌ ♎ ♀ m. 47

OR. Joan. Andreas ♎ m. 48
OS. Pierre Bertrand ♎ ♎ m. 49
OT. Alberic de Rosate ♎ 50
OU. Adam Vvodhan ♌ △ m. 53
PA. Henri Suson ♃. ? m. 65
PB. Alph. Vargas f de Sev. △ m. 66
PC. François Petrarque ♒ m. 74
PB. Marsilius ab Ingen. △ m. 94

D

G iiij

A	LE. Innocent VII. de Sulmo. m. 6 LF. Gregoire XII. Venitien, q. 9 LG. Alexandre V. *dit Pierre de Candie* ♁ m. 10 LH. Jean XXIII. ou XXIV. Neapolitain. q. 15 LI. Martin III. *ou* V. Rom. m. 31	LK. Eugene IV. Venitien m. 47 LL. Nicolas V. de Sarzane. m. 55 LM. Calixte III. Espagnol. m. 58

B   Philothée.

B   Dorothée.   } *Ex Leone Allatio. lib. 3. cap. 4.*

B   Joachim.

b   *Avant que les heresies se fussent répanduës en Orient le Patriarche Grec*

| **β** | Caliste.   12
Mathieu.   13   } *ans.*
Joseph ; qui m. à Florence l'an 39
Metrophanés. *Ex Allatio l. 3. c. 4.* | Gregoire *dit Mamma.* s. *l'an* 45
Gennadius Scholarius.
Isidore.
Joseph. |

C

1C. Vviclefites, *leur chef étoit Jean Vviclef, dont les erreurs furent condamnées au Concile de Constance.* ¶ *Il disoit entre autres choses qu'il n'étoit pas loisible aux Ecclesiastique de posseder des biens temporels; qu'une personne étant en peché mortel ne pouvoit exercer aucune seigneurie temporelle; que toutes choses arrivoient par une necessité absoluë.* Sand. hæret. 169. 178.

1D. Jean Hus & Jerôme de Prague, *soûtennoient les erreurs des Vaudois & des Vviclefites: ils furent condamnez au Concile de Constance, & brulez, Hus le 15. & Jerôme le*   16

1E. Pierre Dresois & Jacobeau, *Allemans, enseignoient que les laïcs devoient communier sous les deux especes.* Spondanus anno   14

1F. Thaborites, *sous la conduite de Jean Ziska ennemy des Moines & des Images.* Spondanus anno.   20

1G. Jean de Rocsesanre, *Vviclefite & Hussite.* DSH. verbo Jo. Roc.

1H. Jean Roatius, *avoit bâti une forteresse qu'il appelloit Mont de Sion, d'où il disoit que la verité sortiroit quelque jour en faveur de la Boheme, & cependant il s'en servoit pour mettre tout le voisinage sous sa contribution.* DSH. verbo Jo Roatius.

1K. Pikardins, *ou nouveaux Adamites, pires que les premiers.* Sand.

| **D** | PE. Pierre d'Ancharano. ♌ 10
PF. Antoine de Butrio. ♌ 17
PG. Vincent Ferrier, ♃. ? 7 m. 19
PH. P. d'Ailly ſ *de Căb.* ♎ △ m. 25
PI. Gersō *Ch. de l'E. & V. de P.*? 29
PK. Joan. Capreolus △ ☿. 24
PL. Paul de S. Marie ſz   m. 35
PM. Jean d'Imola. ♌   m. 36 | PN. Nic. de Tudeschis ♌   m. 43
PO. Bernardin de Sien. ♏ ♉ m. 44
PP. Aug. de Rome ♉ △ Z   43
PQ. Alf. Tostat ſ *d'Avila* △ Z   54
PR. Laur. Justinien *B. de Ven.*? 55
PS. Jean d'Anagnia. ♌   m. 55
PT. Andreas Barbatias. ♌   60
PU. Antonin ſ *de Flor.* ♃. ſ â m. 59 |

LN. Pie II. de Siene. m. 64
LO. Paul II. Venitien. m. 71
LP. Sixte IV. de Savone. m. 84

LQ. Innocent VIII. Gen. m. 92
LR. Alexandre VI. de Valence en Espagne. m. 1503

tenoit le premier rang parmi les Patriarches orientaux qui luy étoient foû-mis : mais depuis que les Grecs eurent condamné leurs erreurs , ils vou-lurent se souftraire de leur obeissance , & ce defordre s'étant augmenté , chaque nation Chrétienne fit son Patriarche. De forte que dans un même Diocese , ou ville Patriarchale , il y a encore aujourd'huy plusieurs Pa-triarches , donc l'un est Grec , l'autre Armenien , l'autre Copte , & l'autre Nestorien , &c. Brocardus in terræ sanctæ descriptione.

Xilocarabes d.
Marc *introduisit le don que les Grecs appellent* χιοχίτιον.

Simeon d.
Denys 8 *ans.* d.
Simeon *rétably.*
Raphaël *introduisit le*

χαριςίαν, *tribut an-nuel que les Patriar-ches payent aux Grãds Seigneurs.*

IL. Orebites , *leur chef s'appelloit Bedricus , ils s'accordoient avec les Thaborites.* DSH. verbo Bedricus. 18

IM. Nicolas Galecus, *deputé par les Bohemiens au Concile de Bâle , soû-tint cette proposition : Qu'en la Loy de grace on ne pouvoit justement faire mourir persone, même par authorité de justice.* Saud. h. 178. 34

IN. Mathieu Palmier , *convaincu d'heresie dans un livre qu'il avoit écrit touchant les Anges fut brûlé à Corna* DSI. in Nicol. V.

IO. Jean Behaim Tambourineur & Berger , *parloit insolemment des Prêtres , publioit que la dîme n'étoit point deuë à l'Eglise , ny les tail-les au Prince.* DSE. in Pio II.

IP. Pierre de Oíma , *Profeseur de Theologie à Salamanque , enseignoit que la confession étoit de l'institution des hommes , il fut condamné par Sixte IV.*

IQ. Herman Riffuich Hollandois , *nioit que les Anges eussent été créez de Dieu ; que l'ame fut immortelle , que la matiere des elemens eût été produite, & pour comble d'impieté que Jesus-Christ fût le veritable Mes-fie , publiant que l'Evangile étoit sans fondement.* DSH. verbo Her.

IR. Russiens , *rejettoient du nombre des Sacremens la Confirmation & l'Extreme-Onctiõ, nioient le Purgatoire, & le pouvoir de l'Eglise.* Gault.

QA Scholarius, *ou* Genadius △ 60
QB. Fla. Blondus. ♃. m. 63
QC. Nicolas de Cusa. ♎ ? △ m. 64
QD. H. de Kalteisẽ♎. f. *de* N. ♃ m. 65
QE. Chalcondyle ♄ 68
QF. Jo. de Turre Crẽ. ♃. ♎ ♌ m. 68
QG. Thomas à Kempis ? m. 71
QH. Alexandre d'Imola ♌ m. 77

QI. Henri de Herp. ♌ ? ♌ m. 78
QK. Baptiste Platine ♄ m. 81
QL. Ambroise Moine *de Ca.* ♎ 90
QM. Jac. Perez *& l de Chr.* ♌ m. 91
QN. Jean Pic de la Miran. △ m. 94
QO. Gabriel Biel. △ m. 95
QP. Marsilius Ficinus. ☿ △ m. 99
QQ. Jo. Nauclerus. ♄ 100

Udine, C. par Greg. XII. contre les schismatiques.   9

Aragon & Perpignan, ☉ Pierre de Luna, dit Benoît XIII. Antipape élû par les Cardinaux schismatiques,   8. & 9

Pise, C. contre le schisme. ¶ Gregoire XII. & Benoît XIII. accusez de collusion, furent déposez, & Alexandre V. élû.   15

L H   Constance, † ☽. contre le schisme. Jean XXIII. fit l'ouverture de ce Concile en presence de l'Empereur Sigismond: Benoît XIII. qui tenoit le Siege en Espagne, & Gregoire XII. qui le tenoit à Rimini furent déposez; Jean XXIII. même ceda le Pontificat à Martin V. élu par le Concile. Les heresies de Vviclef & de Jean Hus y furent condamnées. Ce Concile qui commença l'an 14. dura jusqu'en l'an   18

Saltzbourg, C. tant pour la foy que pour les mœurs.   20

Pavie, C. suivant l'indiction du Concile de Constance: mais il fut transferé à Sienne à cause de la peste.

Sienne, C. il y fut fait un decret contre les schismatiques qui demeuroient dans l'endurcissement aprés la mort de Pierre de Luna.   24

Torrose, C. † touchant le schisme.   29

Basle, ☾ C. ce Concile fut assemblé par le Pape Martin V. pour la reformation de l'Eglise, des mœurs des Ecclesiastiques & des Laïcs: mais Eugene IV. successeur de Martin ayant veu que sous prete xte de reformer on s'en prenoit à des privileges essentiels à l'Eglise Romaine, revoqua le Legat du S. Siege, licentia des Peres, & transfera le Concile à Ferrare, où les Grecs se devoient rendre pour traiter de la reunion. ¶ Le Concile n'est approuvé qu'en ce qui regarde les Censures, & quelques causes beneficiales. Le nombre des Cardinaux y fut reduit à vingt quatre, avec défense aux Neveux des Papes d'y pretendre pendant la vie de leur Oncle. Sess. 23. Genebrardus in Eugenio IV.   31. à 38.

L K

Bourges, C. pour la Pragmatique Sanction.   39

Le Pape Eugene voyant qu'il se tenoit au Concile de Bâle des propositions qui diminuoient son authorité, voulut licentier l'assemblée, qui y resista, & fit en la Session troisiéme le Decret Dissolutionem Concilii nullatenus fieri posse. Sur ce grandes divisions entre le Concile & le Pape, le Clergé de France, le Roy Charles VII. & son Conseil s'assemblerent à Bourges, & firent la Pragmatique Sanction, conformement aux Decrets du Concile de Bâle, laquelle fut verifiée & enregistrée au Parlement le 13. Juillet 1439. Louys XI. la revoqua par ses Lettres patentes du 27. Novembre 1469 Papyrius Massonius l. 4 annal. Nonobstant cette abrogation, les Parlemens ne laisserent pas de s'en tenir à leur enregistrement, & jugerent les procez suivant la Pragmatique. Ce qui fut maintenu par Louys XII. jusqu'à ce que le Pape Jule II. ayant fait les derniers efforts pour la détruire se servit des Lettres patentes de Louys XI. & aprés quelques formalitez dont il est parlé dans la Session quatriéme du Concile de Latran tenuë en Decembre 1512. ordonna, avec l'approbation du Concile, que les fauteurs de la Pragmatique, quels qu'ils pussent être, seroient citez à comparoître dans soixante jours, Etant mort dans ces entrefaites, Leon X. qui luy succeda, continua le Concile, & le Roy Louys XII. luy envoya des Ambassadeurs avec pouvoir de declarer qu'il renonçoit au Concile de Pise, promettant d'envoyer à celuy de Latran, comme les autres nations, ce qu'il ratifia par Lettres patentes du 26. Octobre 1513. mais il mourut dans cette conjoncture, &

le Roy François I. qui luy succeda, ayant eu advis que le Pape & le Concile avoit decerné une citation peremptoire contre Sa Majesté & l'Eglise Gallicane, pour les obliger d'alleguer les causes pourquoy la Pragmatique Sanction ne devoit être abrogée, se resolut de traiter avec le Pape, & se rendit pour cet effet à Bologne, où il confera avec Sa Sainteté, après quoy il s'en retourna à Milan, ayant laissé son Chancelier, qui convint des conditions du traité avec les Cardinaux d'Ancone & de Sancti-quatro, que le Pape avoit commis. C'est ce que nous appellons Concordat, lequel, après quelque petites difficultez qu'on fit de part & d'autre, fut inseré dans les actes du Concile, comme une piece sur laquelle les François se devoient regler à l'avenir en matiere Beneficiale & Ecclesiastique. Hilt. de la Pragm. Sanction. Paris. Sebast. Cramoisy. 1652.

FLORENCE XVI. General, † ◡. commencé à Ferrare l'an 38. & transferé à Florence à cause de la peste, finit l'an 39. Eugene IV y presida. Jean Paleologue Empereur d'Orient & Joseph Patriarche de Constantinople, avec un grand nombre d'Evêques Grecs, y assisterent: l'union fut rétablie dans l'Eglise, & le Pape, sur la primauté duquel le Concile permit aux schismatiques de disputer, fut reconnu comme le successeur de S. Pierre & le Primat de l'Eglise universelle   39

A	LS. Pie III. de Sienne.	m. 3	MC. Paul III Romain.	m. 49	
	LT. Jule II Genois.	m. 13	MD. Jule III. Romain.	m. 55	
	LU. Leon X. Florentin.	m. 21	ME. Marcel II. Toscan.	m. 55	
	MA. Adrien VI. Holland.	m. 23	MF. Paul IV. Neapolitain.	m. 59	
	MB. Clement VII. Flor.	m. 34			

B

B

b

Quelques Autheurs n'étant point informez de cette multiplicité de Patriarches, ont écrit temerairement que l'Ambassade de Gabriel Patriarche d'Alexandrie, dont le Cardinal Baronius a parlé comme témoin oculaire, dans le sixiéme tome de ses Annales, n'étoit qu'une pure invention des Latins, que George Dousa attribuë aux PP. Jesuites; sur ce fondement que Meletius Patriarche d'Alexandrie, qui étoit pour lors à Constantino-

ß

Niphon d.	Joachim d.
Denys *rétably.* q.	Pacome d.
Maxime d.	Joachim *rétably.*
Niphon *rétably.*	Pacome *rétably.*

IS. Martin Luther *Allemand du pays de Saxe,* apostasia l'an 17. *& prit occasion des Indulgences qu'on publioit alors partoute la Chrétienté, disant que c'étoit un abus. Il attaqua dans la suite l'authorité du Pape, des Conciles & des Peres; s'en prit aux Sacremens & nia le libre arbitre, le merite des bonnes œuvres, les sacrifices & les prieres pour les morts. Cette heresie s'est partagée en plusieurs sectes differentes.* m. 46

IT. Jacques Præpositi *compagnon de Luther, qui seduisit tous les Augustins du Conv. d'Anvers, qui fut démoly par ordre du Pape Adrien VI.*

IU. Anabaptistes, *outre quantité d'erreurs qu'ils tiennent de Luther disent que le Baptême est inutile aux petits enfans, & qu'il faut les rebaptiser en âge de puberté.* Lindanus in dubit. dialog. 2.

KA. Carolstade Sacramentaire, *quitta le parti de Luther & renouvella les erreurs de Berenger.* Homo ferus sine ingenio, sine doctrina, sine sensu communi. Melanchton epist. ad Frederic. Micori.

KB. Jean Occolampade *abandonna Luther, & se declara contre la realité du Corps & du Sang de Jesus-Christ dans l'Eucharistie.* Sand. h. 210

KC. Libertins, ou Quintinistes, *disoient qu'il n'y avoit qu'un esprit immortel qui étoit Dieu, que tout ce que nous croyons n'étoit qu'une pure opinion, & qu'on pouvoit être en apparence de toutes sortes de Religions*

D	QR. Robert Guagin. ſ	m. 1	RE. Trithemius. i ſ ♋	m. 16	
	QS. Felinus Sandeus ſ *de Luc.* ♌ 1		RF. Albert Krantz. ſ	m. 17	
	QT. Jacques Wimpheling. ſ 1		RG. Jac. Phil. Forest. ♉ ô	m. 18	
	QU. Wern. Kollevink *de Laer.* z 2		RH. Sylv. Mazolin. ☿ ⊥	20	
	RA. Finus Adrianus Finus ✝ 3		RI. Joannes Tabiensis. ☿ â	24	
	RB. Marc Ant. Sabellicus. ♃ ſ m. 6		RK. Jo. Major *ou* Mayr ſ △ m. 28		
	RC. Cyprianus Benetus. ☿ ♌ 13		RL. Dom. Jacobatius ♎ ♌ m. 28		
	RD. Jacques Almain. ♌ △ m. 15		RM. Franc. Ferrariensis. ☿ △ m. 28		

MG. Pie IV. Milanois. m. 65	ML. Urbain VII. Rom. m. 90	A
MH. Pie V. d'Alex. *Ital.* m. 72	MM. Gregoire XIV. Mil. m. 91	
MI. Gregoire XIII. de Bol. m. 85	MN. Innocent IX. Bol. m. 91	
MK. Sixte V. de la Marche d'An-cone. m. 90	MO. Clement VIII. Flor. m. 1605	

ple, n'en sçavoit rien, & qu'il en avoit soûri : Suaviter renidentem ad-miratum fuisse, *dit-il,* & Latinorum levitatem , & maliciam Jesui-tarum temerè comminiscentium. *Mais ce fondement est ridicule, puis-qu'il y a plusieurs Patriarches à Alexandrie , & que comme Meletius l'étoit des Grecs, Gabriel l'étoit aussi des Coptes.* Leo Allatius de per-petua Consens. l. 3. cap. 8

Theolipte. m. 21	Denys.	
Jeremie d.	Joseph d. *par le Conc. de Ccple.* 65	
Joannicius d.	Metrophanes q. 75	
Jeremie *rétably.*	Jeremie.	

sans en avoir aucune. Lindanus dubit. dialog. 2. 25

KD. Zuingliens , *leur chef étoit Vualdric Zuingle , qui écrivit contre la realité du Corps & du Sang de Jesus-Christ dans l'Eucharistie.* 25

KE. Davidiques, *leur chef étoit George David Vitrier de Gand , qui se disoit le troisiéme David qui devoit reguer sur la terre, & donnoit dans les erreurs des Adamites & des Manichéens.* Lindanus dialog. 2.

KF. Rustaux, *quelques Lutheriens rebelles qui ne vouloient point payer de tribut aux Princes.* DSH. verbo Christoph. Schapletus.

KG. Melanchtoniens , ou Confessionistes , *leur chef étoit Philippe Me-lanchton , qui dressa la Confession d'Augsbourg, & mourut l'an* 60

KH. Martin Bucer , *de Sacramentaire devint Lutherien , & entreprit d'accorder les uns & les autres.* Sand. h. 215. m. 65

KI. Balthazar Pacimontan , *Anabaptiste.* Hosius l. de tradit. hum.

KK. Farel ; *Anti-lutherien & Sacramentaire.* Lindan. in dubit. m. 65

KL. Calvinistes , *ou sectateurs de Jean Calvin , appellez en France Hu-guenots ont pris leur origine dans la ville de Geneve , où Calvin publia ses erreurs vers l'an* 35. m. 64

KM. Michel Servet, *autheur des Servetians, qui donnoient dans quelques erreurs du Mahometisme, des Sabelliens, Eutychiens & Anabaptistes.*

RN. Jac. Sadolet ſ *de Carp.* z ℞. 30	SA. Fr. de la Victoire. ☿. △ m. 46	D
RO. Fr. Pic de la Mirade ⊕ △ M. 33	SB. Joan Cochleus. ✝ m. 52	
RP. Th. de Vio Cajetā ♎ z m. 34	SC. Amb. Cat. Politus m. 52	
RQ. Paul de Middelbourg, ☉ m. 34	SD· Dominicus à Soto. ☿. △ m. 60	
RR. Th. Morus *Ch. d'Angl.* ✝ M. 35	SE. Genebrard ſ *d'Aix.* ℞. ☉ m. 97	
RS. Jean Faber ſ *de Vienne.* ✝ 41	SF. Martin Azpilcueta ♌ à m. 86	
RT. Jean Ekius *ou* Eccius △ ✝ 43	SG. Louys de Grenade. ☿ ? m. 88	
RU. Jac. Latome ✝ m. 44	SH. Gabriel Prateolus. ✝ 69	

LT   Tours, ℃. pour remedier aux mauvais traittemens que la nation Françoise recevoit du Pape.   10

Pise, ℃. les Cardinaux appuyez de Maximilien, & de Louys XII. Roy de France convoquerent ce Conc. à Pise, & le continuerent à Milan. 11

LU   Latran V. XVIII. † ☉. commencé l'an 12. sous Jule II. & finy sous Leon X. contre le Concile de Pise ; pour la guerre sainte & la reformation des mœurs. La Pragmatique Sanction y fut abrogée.   17

MC   Bourges, C. par François de Tournon, contre les dogmes de Luther. 28

Cologne, C. par Herman f de Cologne, qui tomba peu de temps après dans l'Heresie. Ce Concile reforma le Clergé, & quelques ceremonies de l'Eglise.   36

Trente XVIII. General, † ☉. commencé l'an 45. finit l'an 63.
MD contre l'heresie des Lutheriens & autres erreurs du siecle, & contre les abus
ME & la corruption des mœurs des Ecclesiastiques & des Laics. ¶ Il fut trans-
MF feré à Bologne l'an 47. remis huit mois après à Trente. Les Legats du
MG S. Siege y presiderent en presence de deux Cardinaux, trois Patriarches, vingt-un Archevique, sept Abbez, sept Generaux d'Ordre. Il a été receu & publié en France à l'instance de Nosseigneurs de l'assemblée du Clergé l'an 1615.

Augsbourg, C. par Othon Cardinal f d'Augsbourg, pour la reformation du Clergé

Treves, C. pour la reformation des mœurs.   48

Cologne II. C. pour la reformation des mœurs.   48

Treves II. C. touchant la foy & les mœurs.   49

Milan I. II. III. IV. V. VI. C. par S. Charles Borromée, pour la discipline Ecclesiastique.   depuis l'an 65 jusques en l'an 82.

Tolede, C. par Christophle Sandoval, pour l'observation du Concile de Trente.   65

Constantinople, ℃. Joseph Patriarche de Constantinople fut déposé pour le crime de simonie. Crusius l. 2. Turcogræciæ.   65

MI   Tortose, diocesain C. par Jean Isquierde f de Tortose.   75

¶ Alfonse Marquez de Prado f fit publier les Constitutions & les Reglemens de ce Synode l'an 1615.

Rouën, C. † par Charles Cardinal de Bourbon f touchant la disc. Eccl. 81

Caire, C. on y traita de l'union des Coptes avec l'Eglise Romaine : mais cela ne reüssit point.   82

Reims, C. † par Louys de Guise Cardinal & f de Reims pour la discipline Ecclesiastique & observation du Concile de Trente.   83

Bourdeaux, C. pour la discipl. Eccl. institution & reglement des Semin.

Tours & Angers, C. pour la discipline Ecclesiastique.   83

Bourges, C. pour la discipline Ecclesiastique.   84

Aix, C. pour la discipline Ecclesiastique.   85

Mexique, C. Par Pierre Mora de Contreras f de Mexique, touchant
MK la discip. Eccles. & la conduite des Indiens nouvellement convertis. 85
MO   Toulouse, C. par Fr. de Joyeuse Card. f de Toul. pour la discip. Eccl. 90

Avignon, C. par Fr. Maria Taurusio, pour l'observ. du C. de Trente. 94

Aquilée, C. par Francisco Barbaro Patriarche d'Aquilée, pour l'observation du Concile de Trente.   96

Diamper, C. par l'f de Goa, pour établir la soûmission à l'Eglise Romaine ; & contre l'heresie de Nestorius. Possevin. in Apparat.   99

Ubiquitaires,

KN. Ubiquataires, *ou* Brentiens, *disoient qu'il n'y avoit point de Transsubstantiation, & que le Corps de Jesus-Christ étoit par tout depuis son Ascension. Ils ont été appellez Ubiquetaires du mot* Ubique. Lindan.

KO. Charles du Molin, *étoit dans les erreurs de Jovinien.* Sand.

KP. Pierre Martyr, *Sacramentaire.* Espencæus in apolog.

KQ. Sebastien Castalion, *disoit qu'on pouvoit suivre indifferemment toutes sortes de Religions. Il entreprit de faire une traduction elegante de l'Ecriture,* Novam Bibliorum interpretationem insolenti temeritate molitus est. Thuanus histor. lib. 35. sub fin.

KR. Theodore de Beze, *Bourgaignon, Panegyriste de Calvin.* 50

KS. Osiander, *enseignoit que l'homme est justifié, non par la foy, comme le pretendent Luther & Calvin, mais par la justice essentielle de Dieu, qu'il disoit être la cause formelle de nôtre justificatiō* ōsi.v Osiand. 51

KT. Stancarus, *soûtenoit au contraire que Jesus-Christ étoit la cause formelle de nôtre justification, selon l'humanité seule.* DSH.

KU. Musculus *venant à la traverse des deux precedentes opinions, disoit que Jesus-Christ étoit justificateur suivant les deux natures, & que pour cet effet la nature Divine étoit morte en Croix, aussi-bien que la nature humaine.* Lindanus Dubitantii dialog. 2.

LA. Demy-Osiandriens, *ne recevoient l'opinion d'Osiander qu'à l'égard de l'autre vie, disant que l'homme n'étoit juste en celle-cy que par imputation.* Staphylus de Lutheranorum inter se concordia.

LB. Amsdorsiens, *sectateurs de Nicolas Amsdorff rigide Confessioniste, qui disoit que les bonnes œuvres étoient pernicieuses au salut de l'homme.* Vide Staphylum.

LC. Majorites, *c'étoient les contretenans des Amsdorsiens.* Staphyl.

LD. Luc Sternberg, *donnoit dans les erreurs de Luther & de Melanchton.* DSH. verbo Lucas Sternberger.

LE. Polygamites, *leur chef étoit Bernardin Okin Calviniste.* DSP.

LF. Puritains, *secte de Calvinistes qui se pretend plus épuré que les autres.* Sanderus h. 221.

LG. Deistes, *autrement* Trinitaires, *ou nouveaux Ariens.* DSE. in Pio IV.

LH. Anti-Trinitaires, *certains Ministres Calvinistes, qui voulant combattre les Trinitaires, donnoient dans les erreurs de Sabellius.* DSP.

LI. Nouveaux Samosateans, *nioient que le mot grec* λόγος, *qui veut dire parole, signifiât la seconde personne de la tres-sainte Trinité.* DSP.

LK. Illyricains, *ou* Flacciens, *secte de rigides Lutheriens, qui disoient que les bonnes œuvres n'étoient point necessaires au salut.*

LL. Functius, *soûtenoit que S. Pierre n'avoit jamais été à Rome.* DSP.

LM. Oincts, *secte de Calvinistes Anglois qui disoient que le seul peché qu'on pouvoit faire au monde étoit de n'embrasser point la verité de leur doctrine.* DSE. in Pio. V. 70

LN. Jean Sturmius, *vouloit accorder les Catholiques avec les Protestans, & demandoit pour cet effet. qu'il luy fût permis d'assembler soixante & dix Docteurs qui eussent écrit touchant leur religion; sçavoir sept dans chacune des dix Provinces d'Allemagne.* ¶ Il pretendoit *qu'on ne recevroit du Concile de Trente que ce que l'assemblée des septante trouveroit à propos, & qu'on rejetteroit le reste.* DSE. in Greg. XIII.

LO. Jenois, *secte de Lutheriens.* Vide Lindanum in Dubit.

LP. Justificatoires, *Lutheriens qui croyent que notre justification n'est autre chose que la remission des péchez, & la reconciliation avec Dieu.*

LQ. Pàtiliers, *ou* Patilliers, *bande de Ministres Lutheriens de Souabe qui écrivirent contre Oecolampade, & soûtinrent dans leurs écrits que le Corps de Jesus-Christ étoit present en l'Eucharistie, & qu'il étoit au pain, ou sous le pain, de même que la chair dans un pâté.* DSH.

LR. Interimistes. *Quelques Demi-Lutheriens qui suivirent l'Interim de Lipsic, ou d'Augsbourg.* ¶ *Cet Interim étoit une nouvelle maniere de Religion, ou pour mieux dire d'accommodement avec les Catholiques.* Hosius.

LS. Adiaphoristes, *disoient que l'observation des ceremonies, des constitutions de l'Eglise & des Conciles étoient indifferentes & n'engageoient à rien.* Hosius lib. 1. de hæret.

LT. Antidiaphoristes, *étoient ennemis des anciennes ceremonies.* DSH.

LU. Antilutheriens, *ou* Sacramentaires, *sont ceux qui ayant quitté l'Eglise à l'occasion de Luther ont abandonné ses opinions, & se sont partagez en une infinité de sectes.*

MA. Luthero-Papistes, Demi-Lutheriens, Luthero-Zuingliens, Luthero-Calvinistes, Lutherofiandriens.

MB. Belliens, *Demi-Lutheriens, qui tenoient qu'il n'étoit pas permis de faire mourir un heretique.* Lindanus n. Dubitantio.

C   **MC.** Heshusiens, *ont pris le nom de Tilman Hesusius.* ¶ *Demi-Lutheriens* CCA. CKM.

MD. Boquiniens, *de Boquinius, qui disoit que Jesus-Christ n'avoit pas été crucifié pour les pecheurs.* DSH. Verbo Boquinii.

ME. Richeriens, *ainsi nommez de Pierre Richer Calviniste, qui préchoit qu'il ne falloit point adorer Jesus-Christ en sa chair humaine, & que c'étoit une heresie de dire que Jesus-Christ devoit être necessairement prié & invoqué.* Spondanus anno 1555.

MF. Hamstediens *suivoient les opinions d'Hamstedius, qui pour accorder l'Anabaptisme avec les autres sectes d'Angleterre, inventoit des nouvelles erreurs.* Lindanus in Dubitantio.

MG. Campanistes, *dont le chef étoit Jean Campan Anti-Lutherien qui se distinguoit pourtant des autres Sacramentaires dans la Cene, & ne croyoit pas que le Fils & le saint Esprit fussent deux personnes distinctes du Pere.* Hosius l. 1. de hæret.

MH. Svvenkfeldiens, *qui se mirent au commencement sous la conduite d'Svvenkfeldius Anti-Lutherien, & se partagerent en suitte en Vratislaviens, Surniceens, & Glogoviens* Sand. hæret. 151. & 216.

MI. Antisvvenkfeldiens, *tenoient des opinions toutes contraires.* DSH.

MK. Nuds-pieds Spirituels, *ou* Separez, *Anti-Lutheriens qui abandonnoient tout pour être les fideles imitateurs de la vie Apostolique.* DSH.

ML. Mennonites, Tibbes, *ou* Meliapes, *leur Chef étoit Mennon, qui rejettoit le Baptême, & disoit que Jesus-Christ avoit pris son corps de la substance de Dieu le Pere, & non de la sainte Vierge.* DSH. v. Menn.

MM. Les Libres, *certains Anti-Lutheriens & Anabaptistes, qui ne vouloient payer ny dîmes, ny tributs.* Lindanus.

MN. Hutites, *c'étoient des Anti-Lutheriens, qui s'étoient mis sous la conduite de Jean Hutus qui leur faisoit accroire qu'ils étoient & de nom & de fait le veritable peuple d'Israël.* Lindanus.

MO. Ambrosiens, *ou Pneumatiques, certains Anabaptistes qui rejettoient l'un & l'autre Testament.* DSH. verbo Ambrosiani.

MP. Augustiniens, *ils prirent ce nom d'un Sacramentaire nommé Augustin, qui disoit que le Ciel ne seroit ouvert à qui que ce soit, avant le dernier jour.* Lindanus in Dubitantio.

MQ. Melchiorites, *surnommé Melchior Hoffman Anti-Lutherien, qui disoit premierement que Jesus Christ avoit tiré sa chair de luy-même & non de la Vierge, & qu'ainsi il ne pouvoit y avoir en luy qu'une nature; secondement, qu'un homme qui peche après la grace receüe n'est jamais pardonné; troisiémement, que le salut dépend de nos seules forces. Ils donnoient encore dans l'erreur des Millenaires.* X CAA.

MR. Monasteriens, *secte d'Anti-Lutheriens & Anabaptistes, dirigez par Jean Bokold, qui avoit changé les paroles de la Cene, & disoit:* Prens, mange, souviens-toy du Seigneur. DSH. v. Jo. de Leiden.

MS. Clanculaires, *secte d'Anabaptistes qui cachoient leur croyance.*

MT. Manifestans, *qui la publioient & taxoient les autres d'impies.*

MU. Baculaires, *ou Stabliers, qui ne vouloient porter que des bâtons pour toutes armes.* Sand. hæref 194.

MX. Scripturaires, *Anti-Lutheriens qui ne recevoient d'autre témoignage ny d'autre preuve que celle de l'Ecriture.* DSH. v. Script.

NA. Olliers, *Anti Lutheriens qui se trairoient tour à tour, & se plaisoient à faire bonne chere.* BSH. verbo Ollarii.

NB. Batemburgiques, *quelques coureurs qui se mirent à la suite d'un soldat seditieux, & qui pilloient les Eglises.* Lidan. in Dubit. dialog. 2

NC. Pacifiques, *Anabaptistes.*

ND. Pastoricides, *certains Anabaptistes qui n'en vouloient qu'aux chefs des Eglises.* DSH. verbo Pastoricidæ.

NE. Sanguinaires, *quelques Anabaptistes qui beuvoient du sang humain dans leurs sermens.* Lindanus in Dubitantio.

NF. Ægidins, *ou Gilles, Anabaptistes qui rebaptisoit plusieurs fois pour de l'argent. Les Anabaptistes l'excommunierent & le firent mourir.* Lindanus in Dubitantio.

NG. Anti-Chrétiens, *impies qui blasphemoient contre Jesus-Christ, & tenoient par avance le party de l'Antechrist.*

NH. Demoniaques, *Anabaptistes qui tiennent que les demons seront sauvez à la fin du monde.* Hosius de hæref.

NI. Anti-Demoniaques, *quelques rigides confessionistes qui nient qu'il y ait des demons.* Sand. h. 197.

NK. Sabbathaires, *Anabaptistes qui gardent le Samedy à la Judaïque.*

NL. Communiquans, *vouloient introduire la communauté des femmes & des enfans.* Sand. 198. X CAD.

NM. Valentin Gentil *Neapolitain, disoit que l'essence divine n'étoit que dans le Pere, qu'il appelloit* αὐτόθεον, *ou Dieu par luy-même: que le Fils ne l'avoit que par emprunt: & que la substance du Fils étoit differente de celle du Pere; cherchant à faire paroitre sa subtilité dans la nouveauté de ses termes.* Lindanus.

NN. Condormans, *Anabaptistes qui couchoient pesle-mesle.* Sand. h. 199

NO. Larmoyans, *Anabaptistes qui ne prioient Dieu qu'en pleurant & criant.* DSH. v. Ejulantes.

NP. Significatifs, *secte des Sacramentaires qui disent qu'en l'Eucharistie* il n'y a que le signe du Corps de Jesus-Christ. χ *Carolstade & Zuingle.* Vide Staphylum.

NQ. Tropistes, χ *Significatifs & Oecolampadiens.* Vide Staphylum

NR. Energiques; *ils tiennent qu'en l'Eucharistie il n'y a que l'energie & la vertu du corps de Jesus-Christ.* Sand. h. 113.

NS. Arrabonaires, *ils disent que l'Eucharistie n'a été donnée que comme un gage.* DSH. v. Arrabonarii.

NT. Adessenaires, *divisez en quatre classes. La premiere tient que le Corps de Jesus-Christ est au pain; la seconde à l'entour du pain; la troisiéme avec le pain; & la quatriéme sous le pain.* Staphylus.

NU. Metamorphistes, *disent que Jesus-Christ étant monté au Ciel s'est tout à fait divinisé,* χ Swinkfeldius in duplici statu Christi.

OA. Iscariotistes, *qui disent que Judas n'a pas receu le corps de Jesus-Christ dans la Cene* χ Calvin, Swenkfeldius, vide Staphylum.

OB. Laico-Cephales, *heresie de Samson & de Morison Anglois, qui prêcherent, lors du schisme, que les Rois & les Reynes sont les Chefs de l'Eglise, aussi bien que de l'Etat.* Sand. h. 220.

OC. Esfroniez, *se racloient le front jusques au sang, & pretendoient être des vrais Chrétiens par cette ceremonie.* DSP.

OD. Neutraux, *Sacramentaires qui s'abstenoient de la Communion, disant que la foy suffisoit.* DSP.

OE. Manus-imposans, *secte de rigides Confessionistes, qui croyent que l'imposition des mains des laïcs est un Sacrement.* DSH.

OF. Bisacramentaux, *ne reconnoissent que deux Sacremens, le Baptême & l'Eucharistie.* DSH.

OG. Trisacramentaux, *adjoûtoient l'absolution.* DSH.

OH. Quadrisacramentaux, *adjoûtoient aux trois precedens l'Ordre de Prêtrise.* DSH.

OI. Sepulchraux, *nient la descente de Jesus-Christ aux Enfers quant à l'ame, & disent qu'il n'y est descendu que quant au corps, interpretant au reste le mot d'enfer par celuy de sepulture.* ¶ Tel a été le sentiment de Beze que Calvin refute lib. 2. c. 16. s. 8.

OK. Infernaux, *ceux qui disent, comme Calvin, que Jesus-Christ a souffert les tourmens des damnez.* χ Calv. lib. 2. c. 16. s. 10.

OL. Les Invisibles, *rigides confessionistes, qui tiennent qu'il n'y a point d'Eglise visible.* χ *Opinion des Illyricains, Svvenkfeldiens, Osiandriens, & Anabaptistes.*

OM. Biblistes, *qui n'admettent que le texte de l'Ecriture sans aucune interpretation.* Sand. h. 192.

ON. Penitentiaires, *dont les principales erreurs sont sur la Penitence.* DSH.

OO. Faux Prophete du Perou, *brûlé par sentence de l'Inquisition, se disoit Roy, Souverain Pontife, amy particulier de Dieu, Saint au dessus des Anges & des Apôtres, Redempteur du monde, & nouveau Legislateur.* Jo. à Costa Soc. Jesu lib. 2. de Novissimis. cap. 11.

OP. Sociniens, *ont pris leur nom de Lelius, & Faustus Socinus Ministres, qui ont renouvellé les erreurs de Paul de Samosate & de Photin.* χ CKM. Vedellius in arcanis Arminianismi, l. 1. p. 2. c. 1. s. 5.

RECAPITULATION

des Sectes qui ont paru dans le seizième siecle, & qui ont pris leur origine de Martin Luther.

On peut les reduire à trois Classes.

{ LUTHERIENS.
{ DEMI-LUTHERIENS,
{ ANTI-LUTHERIENS.

Ou suivant la distinction de Staphylus in Lutheran, inter se concordia.

{ ANABAPTISTES.
{ SACRAMENTAIRES.
{ CONFESSIONISTES ou PROTESTANS.

ANABAPTISTES.

Les Anabaptistes ont cômencé vers l'â 1524	Clanculaires	Larmoyans, *en Fland.*
Mantzeriens.	Manifestans.	Davidiques *dans la Frise.*
Adamites, *en Holland.* vers 1535	Sabbathaires.	Memnonites, *dans la Frise.*
Baculaires.	Demoniaques. Communiquans. Condormans.	Polygamites.

C

SACRAMENTAIRES.

Luther a compté jusqu'à neuf factions de Sacramentaires. Melanchton n'en a compté que six. in judicio Heidelberg. an. 1560.

Significatifs.	Arrabonaires.	Iscariotistes.
Tropistes.	Adessenaires.	Neutraux.
Energiques.	Metaphoristes.	Iconoclastes.

CONFESSIONISTES.

Melanchton doit être regardé comme le chef des Confessionistes, qui ont commencé vers 1538.

LES RIGIDES, *qui s'attachant à tous les sentimens de Luther.*	Anitiswenkfeldiens.	Adiaphoristes.
Antinomes.	Anticalvinistes.	Trisacramentaux.
Samosateans.	Manus-impofans.	Qnadrisacramentaux.
Infernaux.	Bisacramentaux.	Lutero-calvinistes.
Antidemoniaques.	Sacerdotaux.	Semiosiandriens.
Amsdorfiens.	Invisibles.	Majorites.
Antidiaphorites.	LES MOUS, *qui suivent la Confession de Wittemberg.*	Penitentiers.
Antiosiandriens.	Biblistes.	Nouveaux Pelagiens. Syncretizans.

¶ *Ceux qu'on appelle Extravagans ont des sentimens contraires à la Confession d'Augsbourg, ne laissent pas, pour obeir aux Princes qui ont signé cette Confession, de se dire Lutheriens, quoy qu'en effet ils soient Antilutheriens.*

Swenkfeldiens.	Stancariens.	Nouveaux Pelagiens.
Osiandriens.	Antistancariens.	Manichéens & Marcionistes-Calviniens

I iij

A	MP. Leon XI. Florentin.	m. 5		NA. Clement IX. de Pist.	m. 69
	MQ. Paul V. Romain.	m. 21		NB. Clement X. Romain.	m. 76
	MR. Greg. XV. de Bologne	m. 23		NC. Innocent XI. de Come, *auquel tous les fideles doivent souhaiter un long regne pour le bien de l'Eglise, fut crée le 21. Sept.* 76	
	MS. Urbain VIII. Floren.	m. 44			
	MT. Innocent X.	m. 55			
	MU. Alex. VII. de Sienne.	m. 67			

B	Neophyte.			Parthenius *le june rétably.*	50
	Timotheus à Marmora, *vers l'an.*	20		Joannicius *pour la 2. fois.*	51
	Cyrille Lucar, *qui fit alliance avec les Calvinistes.* d.			Paysius.	54
	Anthime d.			Parthenudi. *vers 56*	M.
	Cyrille *rétably.*			Gabriel.	57
	Gregoire d'Amasie d.	23		Parthenius.	57
	Athanase Batelare.	34		Clement.	62
	Cyrille *rétably.* d. : 4	M.		Denys.	66
	Cyrille de Berée. *vers 35*	M.		Methodius.	67
	Parthenius *le vieux.*	39		Parthenius *deposé d'une maniere assez canonique, à cause des exactions injustes qu'il faisoit sur les Eglises,*	
	Parthenius *le jeune.* d.	44		Denis I *de Larisse.*	
	Joannicius.	46			

C

OQ. Arminiens, *ou* Remontrans, *quelques Ministres Hollandois accusez par leurs confreres d'erreur, de blaspheme & de libertinage.* Vide Nicolaum Vedellium de arcanis Arminianismi. Lugd. Batav. an. 1633

OR. Gomaristes, *rigides Calvinistes contretenans des Arminiens* DSS an. 9

OS. Cornatiens, *de Cornatus qui nioit le peché originel.* Spond. an. 9

OT. Ezechiel Medensis, *Lutherien, qui se disoit le grand Prince & le Verbe de Dieu, prechoit que Jesus-Christ étoit en luy personnellement & essentiellement, & rejettoit les Sacremens des autres Lutheriens.* DSS.

OU. Lucilio, *Italien, convaincu d'avoir seduit quelque jeunesse à Toulouse, & d'avoir insinué l'atheisme, eut la langue coupée, & fut brulé tout vif par Arrest du Parlement.* DSS. an. 19

PA. Les Freres de la Rose-Croix, *autrement Invisibles & Inconnus, Lutheriens, Empyriques, & Magiciens.* DSS. an. 23

PB. Les Illuminez, *faux devots, qui pretendoient que l'oraison mentale & la contemplation les avoit tellement unis à Dieu, qu'ils n'avoient plus besoin de Sacremens, & que tout leur étoit permis, ils commettoient sous ce pretexte de grandes saletez, dont ils furent punis par sentence de l'Inquisition.* Florimond. de Ræmond. hist. de l'her. 23

D	SI. Cesar Baronius ⌂ f	m. 7		SR. Arm. de Richelieu ⌂ ?	m. 42
	SK. Alph. Rodriguez J ?	m. 17		SS. Henri Spode f *de Pamiez* f	43
	SL. Fr. Suarez J △	m. 17		ST. Jean de S. Thomas ♀ △	m. 44
	SM. Rob. Bellarmin ⌂ f ♃	m. 21		SU. Jac. Sirmond J. ♌ △ ♀	m. 51
	SN. Fr. de Sales f *de Geneve* ?	m. 22		TA. Denys Petau J. △ ô	m. 52
	SO. P. de Berulle ⌂ II ? ♃	m. 29		TB. J.P. Camus f *de Belley* ♉	m. 52
	SP. Jacq. Gaultier J ô ♃	m. 36		TC. P. de Marca f *de Paris* ♎	m. 62
	SQ. Corn. Janseni9 f *d'Ypre* Z △	38		TD. D. de Marinis ♀ f *d'Avig.* △	69

¶ Κυρίλλω τῷ πίκρῳ Λεύκαρι τῷ πᾶσαν τῷ Χριϛῷ ἀνατολικὴν ἐκκλησίαν τῇ τῶν παρανόμων αὐτῦ κεφαλαίων ἐπιγραφῇ Καλβισοφρονῆσαι συκοφραντήσαντι, ἀνάθεμα.

Anatheme à Cyrille qui a dit calomnieusement dans l'inscription de ses articles, que toute l'Eglise Orientale étoit du sentiment de Calvin. Leo Allatius de Eccl. Occid. & Orient. perpetua Consent. lib. 3. c. 11.

¶ ὔτε γὰρ ποτε ἡ ἡμετερα ἐκκλησία τοῖς τοιύτοις καθυπήχθη δόγμασι, μήτε μὲν εἰς τὸ πισὸν τοσῦτον κατενεχθείη, χάριτι τῦ ὁδηγῦντος αὐτὴν κ᾽ κυβερνῶντος πνεύματος.

Nôtre Eglise (c'est à dire l'Eglise Orientale) n'a jamais été deceuë par ces dogmes, & nous souhaitons que par la grace du S Esprit qui la gouverne, elle ne tombe jamais dans ce precipice. Allatius ex Synodicis Parthenii litteris.

LES SCHISMES.

I. SCHISME.	ANTIPAPES. Novatien *Prêtre Romain se-duit par Novat Prêtre de Car-tage, qui étoit venu d'A-frique à Rome pour troubler l'Eglise, s'éleva contre le Pa-pe Corneille, & joignit peu de temps après l'heresie au Schis-me.* Cyprian. ep 49. ad Corn. & Baron. an. 254	III. SIECLE.
II. SCHISME.	Urficin, *contre le Pape Da-mase, il fut chaffé de Rome & relegué dans les Gaules* Baron. an. 381	IV. SIECLE.
III. SCHISME.	Eulalius *animé par quelques Prêtres & Diacres seditieux, disputa le Siege à Boniface I. mais il en fut chaffé par le commandement de l'Empereur Honorius.* Baronius an. 419	V. SIECLE.
IV. SCHISME.	Laurent *creé le même jour que le Pape Symmachus, fit le schisme qui porta son nom. L'Empereur Anaftafe qui l'a-voit fomenté par l'entremise de Fefte Senateur Romain, fut excommunié dans le Concile, dit* Palmare. Bar. an. 502	VI. SIECLE.
V. SCHISME.	Diofcore *Diacre, contre le Pape Boniface II. mourut peu de temps après fon élection.*	
VI. SCHISME.	Pierre & Theodore *con-currans, favorifez l'un par le*	VII. SIECLE.

	Clergé & l'autre par l'armée de Justinien Empereur tinret le siege pendant quelques jours. mais le Clergé, le peuple & l'armée s'étant accordez en faveur de Conon, ils en furent chassez. Baron. an. 686	
VII. SCHISME.	Theodore *& Paschal concurrans, exclus par l'election canonique du Pape Sergius.* Baron an. 686	VII. SIECLE.
VIII. SCHISME.	Theophylacte *contre le Pape Paul I. pendant quelques mois.* Baron. an. 757	VIII. SIECLE.
IX. SCHISME.	Constantin *frere de Toton Duc de Nepi, entra dans l'Eglise de S. Pierre à main armée, se fit ordonner, & declarer Pape aprés la mort de Paul I. & tint le Siege 13. mois.* Baron. an. 767 Philippe *Moine fut aussi declaré Pape par la faction de Waldipert Prêtre Romain.* Baron. an. 768	
X. SCHISME.	Zinzinus *contre Eugene II.* Genebrardus in Eugenio II. 824	IX. SIECLE.
XI. SCHISME.	Anastase h. *contre Benoît III.* Baron. an 855	
XII. SCHISME.	Sergius *contre le Pape Formose* Baron. an. 891	
XIII. SCHISME.	Boniface *usurpa le Siege aprés la mort du Pape Formose, & le tint pendant quinze jours : mais il en fut chassé par le Pape Estienne VII. dit VI. h. qui fut intrus par Aldebert surnommé le riche, Marquis de Toscane.* Baron. an. 897	
XIV. SCHIME.	Leon *contre le Pape Jean XII. & Benoît V. fut élu dans un faux Synode assemblé contre la disposition des Canons & des Saints Decrets.* Baron. an. 964	X. SIECLE.

K

LES SCHISMES.

XV. SCHISME.	Gregoire *élu contre le Pape Benoît VIII.* Baron. an, 1012	XI. SIECLE.
XVI. SCHISME.	Sylvestre *dit* III. *&* Jean *dit* XX. *que Benoît avoit subrogé en quittant le Siege, se desisterent de leurs pretensions par l'entremise d'un Prêtre nommé* Gratien, *& cederent à* Gregoire VI. *legitime successeur,* Baron. an. 1044	
XVII. SCHISME.	Mincius *nommé* Benoît, *élû par crainte ou par force contre la disposition des Canons, contre le Pape Nicolas I.* Bar. an, 1058, *&* 1059	
XVIII. SCHISME.	Cadaloüs *sous le nom d'*Honorius II. *déclaré Pape sans le consentement des Cardinaux, & par la seule authorité de l'Empereur* Henry, *tint le Siege contre* Alexandre II. *environ cinq ans,* Baron, an, 1061 & 1064	
XIX. SCHISME.	Guibert f *de* Ravenne *sous le nom de* Clement III, *fut élû par les Schismatiques au Concile de Bresse, & tint le Siege contre le Pape* Gregoire VII. Bar. an 1075 & 1083	
XX. SCHISME.	Thibaud *nommé* Celestin II. *par quelques Cardinaux, se démit bien-tôt de ses pretensions, & ceda le Pontificat à* Honorius II. Bar, an, 1124	XII. SIECLE.
XXI. SCHISME.	Pierre fils de Leon Romain, *élu par quelques Cardinaux, se fit nommer* Anaclet II *& tint le Siege contre* Innocent II.	
XXII. SCHISME.	Octavien *élu par les Cardinaux de la factiõ de* Pierre fils de Leon *se fit nommer* Victor IV. *& tint le Siege quatre ans contre le Pape* Alexandre III.	
XXIII. SCHISME.	Pierre Religieux *de* l'Ordre de S. François, *sous le nom de* Nicolas V. *creé à* Rome *pendant que le Siege étoit en*	XIV. SIECLE.

France. Le Pape Jean XXII.
le fit arrêter & le tint prisonier
le reste de ses jours,   m. 1327

XXIV. SCHISME. | Robert commença le grand
schisme, sous le nom de Clement VII. l'an 1378. & tint
le Siege à Avignon contre le
Pape Urbain VI. & Boniface son successeur.   m. 1394

XXV. SCHISME. | Pierre de Luna fut élû par
les Schismatiques aprés la
mort de Robert l'an 1394 prit le
nom de Benoit XI. ou XII. ou
XIII. & tint le Siege a Panis-
cola en Catalogne, prés de trente ans contre Boniface & ses
successeurs, Spond. an. 1424

XXVI. SCHISME. | Gilles de Munion Espa-
gnol Chanoine de Barcelone,
sous le nom de Clement VIII.
crea quelques Cardinaux de la
faction d'Alphonse Roy d'Arragon, & tint le Siege cinq
ans contre le Pape Martin, auquel le Roy d'Arragon s'étant
reconcilié, l'Antipape fut con
traint de se desister de ses pre-
tentions, & le grand schisme
fut éteint. Histoire generale
du Schisme par M. Dupuy.   **XV. SIECLE.**

XXVII. SCHISME. | Amedée Duc de Savoye
creé par le Concile de Bâle en
1439, prit le nom de Felix V.
& tint le Siege contre le Pape
Eugene IV, & Nicolas V, en
faveur duquel il renonça. Vide
Genebr. in Nic. V. an. 1449

ORDRE ALPHABETIQUE.

C

Agnoëtes. EN.
Agonyclites. FK
Albanois. FR.
Albigeois. HC
Aldebert. FN.
Allemanni *Zuinglien vers l'an* 1566.]
Alogiens. BI
Amauri. HD.
Ambrosiens. MO.
Amidoriens. LB.
Anabaptistes. IU.
Angeliques, *Chrétiens qui a-doroient les Anges, vers l'an* 199.]
Angelites. χ FK.
Antichretiens. NG.
Antidemoniaques. NI.
Antidiaphorilles. LT.
Antidicomarianites, *ennemis de la sainte Vierge,* DCN. *vers l'an* 373.
Antilutherieus. LU.
Antinomes. χ *Lutheriens.*
Antiswenkfeldiens. MI.
Antitactes. AP.
Antitrinitaires. LH.
Antropomorphites, *ou* Au-deans. DP.
Apellites, BH.
Aphtardocites. EM.
Apocarites. CN.
Apollinaristes. DI.
Apostoliques. HI
Aquariens. CC.
Aquila. EG.
Arabiens, CL.
Archontites. DQ.
Ariens. CQ.
Armeniens, FC.
Arminiens. OQ.
Arnoldistes. GR.
Arrabonaires. NS.
Artotyrites, *secte qui offroit du pain & du fromage en sacrifice, vers l'an* 181.]
Ascodrogites, *ou Ascites, Chrétiens qui celebroient des Orgies à la maniere des Payens.*]
Assuritains, χ *Donatistes vers*

l'an 358.]
Aëtius *Sophiste Arien vers l'an* 339.]
Attingans. FP
Aubrioit *Prevost de Paris condamné comme heretique par l'Evêque, vers l'an* 1381.]
Augustiniens. MP.

A Bbon ♍ HQ

D

Abbon i IH
Adam *Chanoine.* IE
Adelman f IT.
Adelme. GD
Adon f. HI
Aimoin ♍ *de S. Germain.* HF.
Aimoin ♍ *de Fleury.* II.
Ailly. Pierre d'- PH
Alberic de Rosate *ou* Bergomensis. OT
Albert *le Grand* f *de Ratisbonne.* NH.
Alcuin. GN
Algerus ♍ *de Cluny.* ✝ *vers* 1130.]
Allatius. Leo-Grec *de l'Ile de Chio vivoit dans ce siecle.*]
Almain. RD.
Amalarius Fortunatus. CQ.
Amalarius *Diacre de Mets.* HC.
Ambroise f. CK.
Ambroise *Moine de Camaldule* χ QL.
Ammonius Alexandrinus. BA.
Anagnia. Jean d'- PS.
Anastase *le Bibliothecaire.* HM.
Ancharano. Pierre d'- PE.
André f. ED.
André f *de Cesarée en Cappadoce* 2 *vers l'an* * 500.]
Andreas. Antonius- NT
Angelome, ♍ 2 *vivoit dans le* 9. *siecle.*]
Clavasius. Ange- ♌ â m. 1495.]
Ansbert. Ambroise- GK.
Anselme f *de Cantorbie.* KM.
Anselme f *de Lan.* KS.
Anselme f *de Lucques.* ♑ m. 1086.]

C

D | Antiochus. FN.
Antoine i. BN.
Antoine *de Padoüe.* ML.
Antonin f. FU.
Apollinaire ♋ *vers l'an* 373. z ≈]
-Apollinaris. Sidonius- ≈ DU.
Aponius, z *vers l'an* 680.]
Arator. EP.
Arboreus *Docteur de Paris vivoit dans le* 16 *siecle.*]
Arnold i *de Bonneval.* LP.
Arnobe *Africain.* BH
Arnobe *le jeune.* DS.
Arnulfe f. LU.
Asterius. CL.
Astesan. OG
Athanase. BU
Athenagore. AO.
Auger J ♉ m. *vers* 1591.]
-Augustin. Aurelius- CT.
Augustin de Rome PP
Augustin d'Ancone. ♉ z *vers* 1330.]
Avitus f. EF.
Aureolus. *Pierre Auriol.* NU.
Ausone ≈ *Bourdelois, vers* 394]
-Azpilcueta. Martin- *dit le Docteur Navarre Chanoine de Roncevaux.* SF.

E | A Frique. AQ. BD. CB. CC. C. CS.
Agde. CN.
Aix *en Provence*, Aquæ Sextiæ. MI MQ.
Aix *la Chapelle*, Aquisgranum. ET. FA. FD. FH. HG.
Alexandrie *en Egypte.* BO. BQ. BR. CA. CE. CC. DM.
Allemagne. EN. EQ IS.
Altino. ET.
Ancyre, *Angouri dans la Galatie.* BO. BR.
Angari. BU.
Angers. CG. LA.
Angleterre. DT. EH. GP. HR. HS. HU. IP. KS.
Antioche, *dans la Sourie* PF. BQ. BR. BT. CF. IE.

Aquilée. BT. DA. EF. MO.
Arabie. BA. | E
Arragon. HR. LD.
Arles. BO. CP. DA ET.
Armenie. CF.
Aschafenbourg. KM.
Asie. AP.
Astorga. GN.
Attigny *en Champagne.* FA. FI.
Augsbourg, *Conc. August.* GN. MC.
Avignon. HS. KR. MO.
Avranches, *Abrinca.* IL.
Auvergne. DA.

B |Enoît I. DD, II. EC. III, FG, IV, FU, V, CP, VI, CS, VII, OT, VIII, HG, IX, HI, X, KP, XII, RS. | A
Boniface I, CD, II, CR, III, DH, IV, DI, V, DL, VI, FP, VII, VIII, KO, IX, LD,

B |Abylas. B 5 | B
Basile. B 5
Basile *Moine.* β 10
Basile Camatere. β 12
Benjamin. b 2
Benjamin II. b 2
Bernard. B 12
Bessarion ♎ *natif de Trebisonde Patriarche de Constantinople aprés la mort d'Isidore* ♃. m. 1472.]

B |Aculaires. MU. | C
Barbelites. AO.
Bardasanes. EP.
Barlaam & Acindynus. HO.
Baruliens. HA.
Basilidiens. AK
Bassiens. AU.
Batembourgiques. NB.
Beguars, Beguius & Beguines. HL
Behaim. IO
Bellians. MF.
Bersane *donnoit dans les erreurs des Gaianites.* DSI. 535.]

C Brenger. BB

Berylle f *de Boftra condamné par le Concile de Philadelphe l'an* 242. AN

Bertold *de Barbach.* x CHL]

Beze x CXL. m. *l'an* 1605.]

Bibliftes. OM.

Bifacramentaux. OF.

Bonafiens. *qui difoient que Jefus-Chrift n'etoit fils de Dieu que par adoption.* DSI. *an.* 389.]

Bongomiles. GN.

Bononatus x CHL. *brûle tout vif. Sanderus hæref* 160.]

Boquiniens. MD.

Borborians AO.

Brachites. CN.

Bucer. KH.

Bullinger x CKD. *vers l'an* 1549.]

Burgin *inftituteur d'une regle avec laquelle il fut brulé.* x CHK. *Nider in Formicario. an.* 1409.]

D B Abembergius *ou* Bambergenfis. OM.

-Bacon, Jean. π Δ *vers l'an* 1346.]

Balde. n m. 1423.]

-Balfamon. Theodore. MD.

-Bannez. Dominique. ♀. m. *vers l'an* 1604.

-Barbatias. Andreas. *an.* 1460.]

-Baronius. Cefar- SI.

-Barthelemis. Henry des- NB

Barthelemy *d'Urbin.* ♂ ? ♃ *vers l'an* 1410.]

Bafile. f CB.

Bafile. DO.

-Baffolis. Jean- OB.

-Bayfe. Guy de- NM.

-Beauvais, Vincent de- MR.

Bede. GF.

-Bellarmin. Robert- SM.

-Belley. Jean Pierre Camus f de- TB.

-Benetus *ou* Venetus. Cyprianus- RC.

Benoît des Benoîts, *vivoit dans le feizième fiecle.*]

Berengofius. KN.

Bernard. II LX.

Benardin *de Sienne.* PO D

Bernon. IN.

Bertold. *Prêtre.* KI.

-Bertrand. Pierre- OS.

-Berulle. Pierre de- SO.

-Biel. Gabriel- QO.

-Blois. Pierre de- m. 1260]

-Blondus Flavius- ♃ ! QB.

Boece, EH.

-Bonacina. Martin- â m. 1631.]

Bonaventure. ND.

Boniface. f GI.

Bonfini. [? m. 1495.]

-Borromée. Charles- f *de Milan.* m. 1585.]

-Brabant. Thomas de- NA.

Briaert, *Docteur de Louvain.* Δ m. 1520.]

-Bromiard. Jean- ♀ *vers l'an* 1290.]

-Brulefer. Eftienne- ♎ Δ *vers l'an* 1490.]

Bruno. II KL.

Brunon f *de Segny.* IA.

Brunon. f IO.

-Butrio. Antoine de- PF.

Burcard IK.

-Bzovius Abraham- *fias Gregorie XV.*]

B Aga, *ville de Numidie.* BU- E

Bamberg. HF.

Bar. HU.

Barcelone. DF. HR.

Bafle, *Bafilea.* O. *vers l'an* 1060. LH.

Bayeux. KO.

Baugency, *Diocefe d'Orleans.* IH.

Beauvais. FE. IA-

Becanceld *en Angleterre.* EF.

Benevent *dans le Royaume de Naples.* HT. IA

Berythe, *Barut dans la Phenicie.* CC.

Befiers. KT.

Bonne, *olim Hippo, dans le Royaume d'Alger.* BU.

Bourdeaux. BU. MI. NQ.

Bourges. LX. LU. MI-

Braga, *Bracara.* DC. DT

E   Brenné *ville de Champagne.* DL.
Bresse, *Concil. Brixiense.* HS.
Bretagne. HS.
Byzacene, *dans le Royaume de Tunis.* CN. DA. DG. DO.

❧§❧ : ❧§❧ : ❧§❧

A   C Aliste I. AR. II. IC. III. LM. Celestin I. CE. II. IF. III. IQ. IV. IU. V. KN.
Christofle. GB.
Clement I. AD. II. HL. III. IP. IV. KD. V. KQ. VI. KT. VII. MB. VIII. MO. IX. NA. X. NB.
Cler. AC.
Conon. EE.
Constantin. FK.
Corneille. BR.

B   C Aius. b 2
Calendion. B 5
Caliste. ß 14
Caliste. ß 14
Callinicus. ß 7
Capiton. b 2
Cassien. b 2
Celadion. B 2
Cerdon. B 2
Chariton. ß 12
Chrestien. B 13
Chrysostome. ß 5
Constantin. ß 7
Constantin II. ß 8
Constantin *Licudex.* ß 11
Corneille. B 2
Cosme. B 8
Cosme *Jerosolymitain.* ß 11
Cosme I. ß 12
Cyriaque. ß 6
Cyrille. B 5
Cyrille. B 3
Cyrille. b 4
Cyrille Lucar. ß 17
Cyrille *de Berée.* ß 17
Cyrus. B 7
Cyrus. B 8

C   C Aians. AS
Calvinistes. KL

Campanistes. MG.
Campois. x *Ariens.* DSH. an 380.] C
Carolstade. KA.
Carpocratites. AL.
Castalion. KQ.
Cataphrygiens. BK.
Catharistes. CN.
Ceroniens ED.
Cerinthe. AB.
Cerularius. Michel- GF.
Chamier *chef des Metaphoristes vers l'an* 1603]
Chazinzeriens. FE.
Christianocategores. FL.
Christolites. ET.
Circuiteurs. LR
Clanculaires MS.
Claude *de Thurin.* FS.
Clement *l'Ecossois.* FO.
Coddiens. AO.
Celestius. x CDT. *vers l'an* 405.]
Collyridiens. DL.
Colluthiens. CR.
Communicans. NL.
Condormans. NN.
Cononites. CBO. *vers l'an* 584.]
Cotobabdites. CBO. *vers l'an* 584.]
Cornatiens. OS.
Corruptibles. EL.
Crotoald *Sacramentaire.*
Cugner. Pierre du- HT.

D   C Ajetan. ℣. Thomas de Vio- ≏ RP.
-Calderin Jean- ♎ *vers l'an* 360.]
-Caleca. Manuel- NE.
-Caliste. Nicephore- OP.
-Canisius. Pierre- [Δ? m. 1597.]
-Capreolus. Joannes- PK.
Carlier *Doyen de l'Eglise de Cambray vers l'an* 1450.]
-Carranza Barthelemy- ℣. ♑ m. *vers* 1576.]
-Cartagene Paul de- DE.
-Cassien Jean. DK,
Cassiodore. FC.
-Castro. Alph. de- ♀ ✝
-Caussin. Nicolas- [? m. 1651.]
Cédrenus. LH.
Cesaire. EQ.
-Chalcondyle,

D

Eckbert i — LT.
-Ekkius, *ou* Eccius, Iean- RT.
Edmon. f — MM.
Eginhart. — HF.
Eloy. — FU.
Ennodius. — EG.
Ephrem. — CA.
-Epine. Claude de l'- *Docteur de Paris vivoit dans le seizieme siecle.*]
Epiphane. f — CN.
-Espence. Claude- Δ m. 1571.]
Estienne. f — LB.
-Estius. Guillaume- *Hollandois* z Δ m. 1613.]
-Etherian. Hugues- — IS.
Evagrius. — FL.
Euchere. — DN.
Eugippe. — EM.
Euloge. — HH.
Evrard. — NP.
Evrard *Archidiacre de Ratisbone, vers l'an* 1303.]
Eusebe f *d'Emese.* — EP.
Eusebe *dit* Pamphile. — BL.

E

Ecosse. — IR.
Elvire, *Illiberitanum.* — BI.
Epaona. * — CO.
Ephese. — CE. CG.
Epire. — CO.
Erford *Dioc. de Mayence.* — GI. HR.
Espagne. — CG.
Estampes, *Stampa.* — IE.

A

Fabien. — BA
Felix I. BG. II. BS. III. CK. IV. CQ.
Formose. — FO.

B

Fabius. — B 3
Flavien. — B 5
Flavien. — β 5
Flavitus. — β 5
Fulcherus. — b 12

C

Farel. — KK.
Faustus χ *Manichéen vers*

C

l'an 497.]
Faux Apostoliques. — GT.
Faux Apôtres. — HI.
Faux Moïse. — ID.
Faux Prophete du Perou. — OO.
Felicien χ *Arien.* DSH. *an.* 383.]
Felix- — DS.
Felix f *d'Urgel.* — FQ.
Flacciens. — LK.
Flagellans. — HH.
Florinus. — BS.
Fortunatus χ *Manichéen vers l'an* 405.]
Fraticelles *ou* Bisochz. — HK.
Freres de la Rose-Croix. — PA.
Functius. — LL.

D

Faber, Jean- — RS.
Fegadius. — CG.
Felix f *de Tolede.* — CC.
Ferrand. — ES.
-Ferrariensis. Franciscus- — RM.
-Ferrier, Vincent- — FG.
-Ficinus. Marsilius- — QP.
Finus, Adrianus Finus. — RA.
Floard. — IC.
-Forest. Jacq. Philippe- — KG.
-Fortunatus, Amalarius- — GQ.
François d'Assise II — MI.
Freculfe. — HG.
Fulbert. — IL.
Fulgence f — EK.
-Fumus, Bartholomæus- ℣. â *vers l'an* 1550.]

E

Florence. — HO. IA. LK.
France- — ET.
Francfort. — ES. HE.
Frioli. *Conc. Foro. juliense.* — ES.
Frisinghen, *en Baviere.* — LK.

A

Caius. — BL.
Gelase I. CL. II. — IB.
Gregoire I. DF. II. EL. III. TM.
IV. FD. V. HB. VI. HK. VII.
HS. VIII. IO. IX. IT. X. KE.
XI. LB. XII. LF. XIII. MI.
XIV. MM. XV. MR.

❧❧ ❧❧ ❧❧

E Mascon, *Matisco.* DE. DI.
  Mayence, *Magantia* FE. FF. FG, HN. HR. HS. IA. IE. KQ.
  Meaux, *Melda.* FE. GO. HS.
  Melfi *dans la Basilicate.* HQ. HU.
  Merida, *Emerita, en Portugal* DO.
  Mexique *en Amerique.* MI.
  Mesopotamie, *Diarbek* MQ.
  Mets, *Meta.* DF. FD. FH. FI.
  Milan. BQ. BR. BU. CG. KL. KM. MG.
  Milvie. *Mela,* dans le *Royaume* d'Alger. CB.
  Modene, *en Italie.* GP.
  Mopsveste *dans la Caramanie.* DA.
  Montpellier, *Monspessulanus.* IR.
  Mouson, *Dioc. de Reims.* GN. GU.
  Muret *sur la Garoune.* IR.

A Nicolas I. FH. II. HQ. III. KL. IV. KM. V. LL.

B Narcisse. b 2
  Narcisse. b 2
  Nectarius. β 4
  Neophyte. β 12
  Neophyte. β 17
  Nestorius. β 5
  Nicephore. β 9
  Nicephore. β 13
  Nicetas. β 8
  Nicetas Mundanus. β 12
  Nicolas de Anapis. b 13
  Nicolas de Ancinis. b 13
  Nicolas. β 9. & 10
  Nicolas Chrysobergue. β 10
  Nicolas III. *surnommé le Grammairien.* β 11
  Nilus. β 14
  Niphon. β 14
  Niphon. β 16

C Naasians. AO.
  Nazareans. AQ.
  Nestoriens. EC.
  Neutraux. OD.
  Nicolaites. AD.
  Novatiens. CD.
  Nouveaux Nicolaites. GG.

  Nouveaux Samozateans. LI.
  Nuds-pieds. MK.

D Natalis-Hervæus- OC.
  -Nauclerus. Joannes QQ.

E Nantes.
  Narbone. DE. ES. IS. TT. MQ.
  Neocesarée *dans la Cappadoce.* BO.
  Neustrie, *ou Normandie.* FK.
  Nice ☽. *dans la Thrace par les Ar.*
  Nicée † ☾. *Archevêché dans la Bithinie.* BO.
  Nogaro, *Nagarolium.* KR.
  Northampton *en Anglet.* IL.
  Noyon, *Noviomum.* KT.
  Numidie, *en Afrique.* DG. DO.

C -Ecolampade. Jean- KB.
  -Ockam. Guillaume- HP.
  Oints. LM.
  Olliers. NA.
  Omousiastes. CO.
  Ophites. AR.
  Orebites. IL.
  Origenistes. CF.
  Osiander. KS.
  -Osma. Pierre d'. IP.

D Ockam. Guillaume- OQ.
  Odile, IB.
  Odo. ſ KP.
  Odo, *ou* Eudes i *de Cluny.* IA.
  -Olivete. Loup de l'- *Fondateur des Jeronimites, vers l'an 1425]*
  Olympiodore. IG.
  Onuphrius Panvinus. ♉ [m. 1568.]
  Optat ſ *de Milvie.* m. 380.]
  -Origene. Adamantius- BC.
  Othon. ſ LN.

E Orange, *Conc. Arausicanum.* CG. CQ.
  Orient. CE.
  Orleans. CN. CT. CU. DA DO. HG.
  * Osbori, *en Allemagne.* HR.

M

D | Paulin *Patriarche d'Aquilée.* GM.
-Paris Eſtienne. ℣. 7 *vivoit dans le ſeiziéme ſiecle*]
-Paris. Guillaume de- MQ.
-Paris Mathieu- MT.
Paul Diacre. GL
Paulin ſ *de Nole.* DA
-Pelage. Alvare- ON.
-Pennafort. Raymond de- NF.
-Petrarque, François. PC.
-Perez. Jacques- QN.
-Perpignan Guy de- OF.
-Petau, Denys- TA.
Philaſtre. ſ CC.
Philon *le Juif.* AF.
Phœbadius. CG.
Picard, *Doyen de S. Germain l'Auxerrois, vivoit dans le ſeiziéme ſiecle*]
-Picard, Jean-*Chanoine de S. Victor.* m 1615.]
Pierre ſ *de Chartres.* m. 1187.
Pierre *le venerable.* LL
Pierre *le Mangeur.* MB.
-Palatine, Baptiſte- *ou plutoſt* Barthelemy. QK.
-Pomerius. Julianus- ſ *de Tolede.* GB.
-Polemar. Jean de- m. 1433,]
-Politus. Ambroſius Catharinus- ſ *de Conza* ℣. A SC.
Polycarpe. AM.
-Porſin. Durand de Saint- OK.
-Poſſevin. Antoine J.[m.1611.]
Pothon i *de Pruim, vers l'an* 1152,]
Poullain ⚏ Δ *vers l'an* 1150.]
Præpoſitivus *Chancelier de l'Université de Paris vers l'an* 1205.]
Prateolus *ou de Preau Docteur de l'Université de Paris.* Gabriel- SH
Prieras, *ou* Silveſtre Mazolin. RH.
Primaſius. FA.
Proclus. DI.
Proſper. DQ.
Prudence. CO.

E | P Aderborne. ES.
Palencia, *en Eſpagne.* LC.
Paleſtine. AP.

E | Paris. BR. DB. DD. DI. FE. HQ. IH IP. IT.
Pavie. FF. HB. HS. LH.
Perpignan, *en Rouſſillon.* LF.
Philadelphe. BA.
Pile, *en Italie.* IE. LG.
Piſtres *ſur Seine.* FH.
Plaiſance, *en Italie.* IE
Poitiers, *Conc. Pictavienſe.* DF. HU.
Pont, *dans l'Aſie mineure.* AP
Pontyon, *Pontigo dans le Partois* IQ
Ptolomaïde, *Acre dans la Fenicie.* CB

C | Q Uadriſacramentaux. OH
Quartadecimans. BC
Quintiniſtes. KC

D | Q Uintilebnourg, *ou* Quedlinbourg, *Abbaye dans le Pays de Saxe.* HS. IA

A | Romain. FR

B | R Adulfe Mameſtan. B 12
Radulfe II. B 11
Radulfe. b 14
Raphael. β 15
Raynerius. B 13
Robert. b 13
Rodulfe. b 13

C | R Acheans. AO.
Rebaptizans. CL.
Remontrans. OQ.
Reordinans. GC.
Rhetoriens. DG.
Richard Armacan. HU.
Richeriens. ME
-Riſſvich. Herman. IQ.
-Roatius. Jean- IH.
Roſcelin. GK.
-Rocſeſane. Jean de- IG
Ruſſiens. IR.
Ruſtanx. KF.

D S Abellicus. Marc-Antoine - RB.
-Sadolet. Jacques. RN.
-Sales. François de- SN.
-Salian. Jacques- J. ? m. 1640]
-Salisbury Jean de-[de Chartres. m. 1182.]
Salvien. EA.
Sannazare, ou Actius Sincerus. Jacque- m. *1532.]
-Sanchez. Thomas- J. â m. 1610.]
-Sander. Antoine- Flamand. ? vers l'an 1625]
-Sander. Nicolas- Anglois. m. 1583.]
-Sandeus. Felinus- QS
-Scholarius. Georgius- QA.
-Scaliger. Jul. Cesar- m. 1558.]
-Scot. Jean Duns- NQ.
-Scotus. Marianus- KG.
-Seminaria, Barlaam- OA.
Sedulius. GS.
Sedulius, Prêtre. GE.
-Selignac Guillaume de- MH.
-Seripand. Jerome- z m. 1563.]
-Scylitzes. Jean- KF.
-Sorbonne, Robert- II MS.
Serapion. BO.
-Sidonius, Apollinaris- DH.
-Sienne, Bernardin de- PO.
Sigebert. KQ.
-Sirmond. Jacques- SU.
Smaragdus. IF.
Socrate. DF.
Soto, Dominicus à- SD.
Sozomene. DF.
-Sponde, Henri- SS.
-Stapleton. Thomas- Docteur de Louvain. m. 1598]
-Stero, Henri- NO.
-Strabo, Valafridus- HI.
-Studite. Theodore- GU.
-Suarez François- SL.
Sulpice. i CU.
-Surius, Laurent- Chartreux. [m. 1578.]
-Suson. Henri- PA.
-Staphylus. Frederic- 1564.]

S Ablonieres, en Lorraine. FH. E
S Saltzbourg, en Baviere. KK. KL. KQ. LC.
Saragosse, Conc. Cæsar augustanum. BT. EF.
Saïde, ou Sidon, dans la Fenicie. CN.
Samarie. IC.
Sardique, Conc. Sardicense. BQ.
Saumur. Conc. Salmuriense. KR.
Selgenstat, Salegunstadium, Dioc. de Mayence. EG. HQ.
Seleucha, ou Selechia, dans la Caramanie. BR.
Senlis, Concil. Silvanectense. FH. GU KR.
Sens, Conc. Senonense, IE. LQ. MQ.
Seville. Conc. Hispalense. DF. DI.
Sicile. BR.
Sida, ou Chirisonda, dans la Pamphilie. Conc Sidense. BT.
Sienne. LH.
Singedun, Zenderin, dans la Servie. BR.
Sinvesse, dans la Campagne de Rome. BI.
Sirmich, en Hongrie. BQ. BR.
Soissons, Conc Suessionense. EN. FF. FH. GC. GL. LM
Sutri, dans la Toscane. HK.
Synada, en Asie, BD.
Syrie. IA.

T Elesphore- AI. A
Theodore I. DP. II. FS.

T Arasius. ß 8 B
Theodore. ß 6
Theodore. B 8
Theodore Balsamon. B 13
Theodore. b 7
Theodore. ß 7
Theodore. ß 7
Theodore I. ß 7
Theodore II. ß 12
Theodore III. ß 13
Theodoret. B 8
Theodotus. B 5

Tyane, *dans la Cappadoce.* BR.
Tyr, *Sur dans la Fenicie.* CG. CO.

ou *Larius.* QU.
-Vvimpheling. Jacques. QT.
Vvitikind. IE.

❦❦❦

A — Valentin. FC.
Victor I. AP. II. HO. III. HT.
Vigile. DA.
Vitalien. DS.
Urbain. I. AS. II. HU. III. IN. IV. KC. V. LA. VI. LC. VII. ML. VIII. MS.

B — Valens. b 2
Vital. B 4

C — Valentin *dit* Gentil. NM.
Valentiniens. AM
Valesiens. CI.
-Valter. Lolhard- HQ.
Vaudois. HB.
Ubiquetaires. KN
Veciliens. GI.
-Victor. Vincent- EA.
Vigilantius. DH.
Vviclesites. IG

D — Valerien. DP
-Vargas. Alfonse- PB
-Vasques. Gabriel- Δ m. 1604.]
-Verrat. Jean Marie- π + ζ m. 1563.]
-Victoire. François de la- SA
Victor. DE.
Victor ſ *de Capouë.* ER.
Victor ſ *d'Utique.* EB
-Victor. Hugues de Saint- IG.
-Victor. Richard de Saint- LR.
Victor ſ *de Tunis.* FF.
Victorin ſ *de Pettaw,* BG.
Victorinus Afer. BS.
Vigile, *Africain.* ET.
Vigile ſ *de Trente.* CM.
-Vitri. Jacques de- MO.
Vivault ℣. Δ *vers l'an* 1500.]
Usuard. GO.
-Vvaddingue. Luc- ♌ ſ 1648.]
Vvaldensis. π + m. 1430.]
Vvernerus Rollewink *de Laer*

E — Vaison, *Conc. Vasonense, en Provence.* CQ.
Valence, *en Espagne.* CP.
Valence, *en Dauphiné.* BT. DE.
Vallemolemolette, *en Espagne-* KR.
Udine, *Dioc. d'Aquilée.* LF.
Venise. IL.
Vercel, *en Italie.* HN
Verdun, *en Lorraine.* GN.
Vermerie, *Verberie Diocese de Soissons.* FI.
Vernon, *en Normandie.* EP.
Vezelay, *en Bourgogne.* IH.
Vienne, *en Dauphiné.* CI. FF. IA. IB. KQ.
Vvinchester, *Vvintonia, en Angleterre.* GU. HR. IB.
Utrech, *Vltrajectam.* FF.
Vvestminster, *Vvestmonasterium, en Angleterre.* IS.
Vvirtzbourg, *Conc. Herbipolense.* KL.
Vuormes, *sur le Rhin.* ES. FI. HS.
Vvorcester, *Vvigornia, en Angleterre.* IT.

❦❦❦

B — Xilocarabes. β 15

E — Xaintes. *Concil. Santonense.* DC.

❦❦❦

D — -Ysambert. Nicolas- *Docteur de Sorbone.* Δ m. 1642.]

E — York, *Conc. Eboracense, en Angleterre.* IQ.

❦❦❦

A — Zacharie. EN.
Zephyrin. AQ.
Zozime. CC.

F I N.

AVERTISSEMENT AUX RELIEURS.

COmme il est fort difficille de bien relier ce livre. On a trouvé à propos de vous en donner les instructions. Il faut donc placer à la tête du Livre la table de L'EXPLICATION DES NOTES qui se plie à côté de telle maniere, qu'on puisse se servir par tout le Livre des Loges qui est marquée au haut Le SAINT SIEGE. De plus il faut bien observer qu'apres qu'on à rogné le Livre, il faut encore couper avec les ciseaux la moitie du marge du Devant des feüilles suivantes marquées au bas de la page:
A, A iij. B, B iij. C, C iij. D, D iij. E, E iij. F, F iij.
G, G iij. H, H iij. I, I ij, I iij.